事業性評価人材育成の実践

あおぞら地域総研株式会社 [著]

一般社団法人 金融財政事情研究会

はじめに

　事業性評価を評論で終わらせず、実践として実らせたいと考える金融機関経営者がいます。

　取引先を分析して、強み、弱み、機会、脅威に分け、それだけで取引先のビジネスを理解した気になるのではなく、取引先の社長の悩みを共有し、理解し、できれば解決策を提案し、取引先から"ありがとう"といってもらえる人になりたいと考える金融機関職員がいます。

　取引先のビジネスを客観的に計測し、その実現可能性を吟味し、形式的に判断して事足れりで終わらせる事業性評価の活動は厳しく批判されるようにもなりました。

　取引先のビジネスを評論するのではなく、取引先のビジネスを深く理解し、取引先社長の考えに深く共感し、取引先の経営課題を共有し、その課題に対する解決提案を取引先とともにあぶり出していくという活動が良しとされるようになりました。

　あおぞら地域総研株式会社は、先に述べた金融機関の経営者と職員の思いを長い間共有してきました。そして、事業性評価のおおもとにあるものは事業性評価の実践を担う人材の育成であるという考えのもとに、多くの地域金融機関の現場で事業性評価人材育成のサポートをしてきました。

　それは研修、研究会、勉強会、取引先開拓会議、経営改善支援検討会、営業推進セミナーなど呼び方はさまざまですが、その金融機関の具体的な個別の取引先を取り上げ、営業部店の職員と本部の役職員の人たちとともに「事業性評価を実践するコミュニティ」をつくって活動してきました。その活動とは、取引先の経営課題を考え抜き、その解決提案を絞り出すという困難な仕事でした。

本書はその実践の営みを振り返り、再構成したものです。本書が主張していることは、金融機関は取引先のビジネスのパートナーとして位置づけられ、パートナーシップの表れの1つが事業性評価の実践であり、事業性評価の実践をより良いものにするためには、考え抜いて行動する人材を育成することが重要だということです。これを具体的に明らかにするために、第1章では「事業性評価に必要な新しい視点はどのようなものか」、第2章では「事業性評価人材育成はなぜ大切なのか」、第3章では「事業性評価を1人で行うのではなく金融機関で働く人々のチームワークで行うにはどうすればよいのか」、第4章では「取引先の経営課題のつかみ方はどうするのか」、第5章では「どうすれば経営課題に対する解決提案を生み出せるのか」について説明しています。また、第6章では地域経済への波及効果が大きく、これからの顧客基盤強化施策として欠かせないものの、事業性評価で困難を極める「ものづくり企業」に対する事業性評価の実践を特に取り上げて解説しています。

　これからも重要性がますます高まるであろう事業性評価の取組みに本書が役立つことを願っています。

　本書出版に際して、前著（『地域金融機関による事業性評価と地方創生』）に続き、株式会社きんざい出版部の池田知弘次長に大変お世話になりました。ありがとうございました。

2018年9月

あおぞら地域総研株式会社
取締役社長　**穂刈俊彦**

目　次

第1章　事業性評価の新しい着眼点

1. 事業の評価者から事業のパートナーへ……………………………………2
2. 顧客の斬新なビジネスアイデアになぜ共感できるのか……………………5
3. 金融監督当局は事業性評価をどうみているか ………………………………8
4. 事業性評価と貸出審査はどのように異なるのか ……………………………9
5. 事業性評価は地域金融機関の収益力の源泉である …………………………13

第2章　なぜ事業性評価人材が求められるのか

1. 金融機関の経営トップが望ましいと考える事業性評価人材像……………18
2. 事業性評価人材育成によってどのように役職員は変化するのか…………21
3. なぜきめ細かい対応をする事業性評価人材が必要なのか…………………24

第3章　三人寄れば文殊の知恵

1. 事業性評価とグループ討議……………………………………………………28
2. グループ討議の進め方…………………………………………………………31
   1. 共通のテーマを設定する……………………………………………………32
   2. 顧客のビジネスに共感する…………………………………………………33
   3. 顧客のビジネスを理解する…………………………………………………35
   4. 顧客の課題を発見する………………………………………………………37
   5. アイデアを出し合う…………………………………………………………38
   6. 顧客に課題解決提案をする…………………………………………………38
   7. 顧客の反応に応じて提案を修正する………………………………………40
   8. 顧客のビジネスが実現し、その結果、地域金融機関のビジネスが成立する…………………………………………………………………………41

3 グループ討議の手法 ･･･42
 1　準　　備 ･･43
 2　進 行 役 ･･･46
 3　時間配分 ･･･48
 4　4つの原則 ･･･50
 5　提案のデザイン ･･･52

4 グループ討議は金融機関にどのような変化を起こすか ････････････57
 1　事業性評価担当者という個人レベルでの変化 ････････････････････57
 2　事業性評価を行う人々の集団レベルにおいて生じる変化 ････････58
 3　地域金融機関の組織レベルにおいて生じる変化 ････････････････58

第4章　顧客の経営課題をつかむ

1 顧客の経営課題をモデル化して把握する手法 ･･･････････････････････62
2 社長個人の考え方を理解することこそ経営課題把握であるとする手法 ･･66
3 社長の夢を理解する ･･･73
 1　なぜ社長の夢を理解する必要があるのか ････････････････････････73
 2　社長の夢を理解する着眼点 ･･････････････････････････････････････74
4 社長の夢を数字で表す ･･･79
 1　経営シミュレーションを行う ･･････････････････････････････････････80
 2　経営シミュレーションの1つとしての損益分岐点分析 ･･････････81
 3　要因の確定 ･･86
 4　確定した要因の条件を変えてモデルを動かす ････････････････････88

第5章　顧客の経営課題に対して解決提案をする

1 解決提案を生み出しやすい環境をつくる ････････････････････････････94
2 ケーススタディ ･･96
 1　梅の加工食品会社（梅野食品株式会社）････････････････････････97
 2　釣船業者（株式会社フィッシング・スポーツ・タマガワ）･･････109

第6章 ものづくり企業の事業性評価

1 経営課題把握と経営課題解決提案の現状……………………………124
2 ものづくり企業を理解する……………………………………………127
　1　ものづくり企業の事業性評価はなぜむずかしいのか………………128
　2　仕事の全体像……………………………………………………………129
　3　ものづくり企業の連携の仕組み………………………………………131
3 ものづくり企業の事業性評価の着眼点………………………………134
　1　社長の夢…………………………………………………………………135
　2　分業間の連携……………………………………………………………136
　3　高付加価値化戦略………………………………………………………138
　4　資金調達…………………………………………………………………160

Human Resource Development

第 1 章 事業性評価の新しい着眼点

1　事業の評価者から事業のパートナーへ

　ある地域金融機関の役職員から事業性評価についていろいろと疑問が投げかけられました。
　「取引先は毎日自分のビジネスについていろいろと頭を使って知恵を出そうとしている。また取引先自ら足しげくお客さまを訪問している。自社製品や自社サービスの足りないところを直し、良いところを伸ばそうとしている。取引先はそのビジネスのプロである。それに対して私たち金融機関の役職員は、事業性評価と称して取引先のビジネスの結果だけをみて、事業性評価シートを書いて、良いとか悪いとかいっている。素人がプロに口出ししているようなものだ」
　「取引先は知恵を絞ってビジネスを進めているというのに、私たちは事業性評価なるものを持ち出して、取引先の仕事の評論や批判をしようとしている。事業性評価など、おこがましいのではないか」
　「事業性評価といっても、わかっていない人がわかったようなことをいっているだけの気がする。所詮、事業性評価など、気恥ずかしいし、嘘っぽい。そうした仕事をすることに疑問をもっている」
　この役職員の疑問を理解するためには、私たち金融機関ははたして顧客とどのような関係にあるのかを思い直してみる必要があります。
　顧客は生産や販売やサービス提供のビジネスを行っています。そうした活動に必要な資金を私たち金融機関は顧客に提供しています。顧客の要請で資金を用立て、用立てられた資金で顧客はビジネスを行っています。顧客を産業と呼び、私たちを金融と呼ぶならば、産業と金融は表裏一体の関係にあります。ある経済学者は、「産業自体が新しい仕事を見つけることができない

のならば、金融は産業に対して"職業紹介所"となって、新しい仕事を見つけて産業に紹介したらいいではないか。それも金融の仕事ではないか」といいました。まるで私たち金融機関が顧客のために行っているビジネスマッチング活動を指しているようです。

　この経済学者がいうことを応用して考えれば、金融と産業、私たちと顧客は、同じ目標に向って進むパートナーの関係にあるといえます。国レベルで考えると産業と金融はともにGDPの成長を支えるパートナーといえます。企業経営レベルで考えると、取引先企業と金融機関はともに利益の成長を目指す共同体の構成員であり、その共同体のなかで取引先と私たちは生産と財務を分業しているようにも思えます。

　この役職員は、現在の産業と金融は相互にあまりにも離れすぎている、また、産業と金融はまったく別のものになっていると考えているのかもしれません。本来、私たちと顧客は実は同じ共同体のなかで機能を分担し合っており、目指している目標は同じであることをこの役職員は忘れてしまったのかもしれません。

　同じ共同体の構成員であるとなれば、事業性評価なる活動も、顧客のビジネスを客観的に計量して評論するというものではなくなります。私たちは顧客のビジネスパートナーなのです。顧客のビジネスの成果は直接私たち金融機関のビジネスの成果になりますから、顧客のビジネスをいかに儲かるものにしていくかに私たちは向かうことになります。そのとき私たちの事業性評価活動は、客観的な評論活動ではなく、私たち金融機関が生き残っていくための活動になります。

　私たちは毎日取引先のビジネスについていろいろと頭を使って知恵を出そうとするようになります。また足しげく取引先を訪問して取引先製品や取引先サービスの足りないところを直すことを考え、良いところを伸ばす提案をするようになっていきます。いま、顧客理解、顧客の経営課題把握、顧客の

経営課題の解決提案が重要だと盛んにいわれています。それは事業性評価であり、私たちが顧客のビジネスパートナーとして、取引先のビジネスに主体的にかかわっていこうとすることなのです。

2 顧客の斬新なビジネスアイデアになぜ共感できるのか

　たとえば、「卸売をやめて消費者へのダイレクトマーケティングに乗り出したい。大手新聞に15段広告を10回に分けて打つために、年間売上高の半分に相当する広告代を払いたいので、その資金を今年だけ貸してほしい」と顧客から申し出があったとしましょう。これを融資案件として組み立てていくのは、なかなか大変な仕事になりそうです。広告宣伝費は売上の何％にとどめることが無難という貸出審査の常識に即していえば、とても理解できるビジネスアイデアではありません。支店長にどうやって説明しようか、審査部にどう説明しようかと悩むことになるでしょう。

　顧客はビジネスを広げようとさまざまな知恵を絞っていますし、他社と同じことをしていては到底競争に勝ち残っていくことはできないと感じています。そのため、融資の申込の事情を聞いたときに、常識では首をかしげてしまう、突拍子もない、斬新な考えに接することがあります。その多くに対しては戸惑うことも多いのです。

　事業性評価とは、顧客のビジネスが「ありえる（possible）」ことと、そのビジネスが「たぶんいける（likely to be achieved）」こと、また、どうすればそのビジネスがありえるのか、どうすればそのビジネスがたぶんいけるのかを思うことでもあります。この表現がくだけすぎならば、事業性評価とは、「事業の可能性」と「事業の成算性」と「事業継続の条件」を明らかにすることと言い換えてもよいでしょう。

　ビジネスが「ありえる」「たぶんいける」と認識することは、実は簡単ではありません。私たちにつきまとう「慣れ親しんだ考え方」や「常識」が、時折「斬新な考え方」や「非常識」の邪魔をするからです。

極端な例ですが、全職員が常識的な発想をする人だけで構成されている金融機関と、常識を打ち破るような人が多少ともいる別の金融機関を比較すると、その別の金融機関は相当ユニークな金融機関であると評価されます。他社との違いを明確にするだけで顧客は反応するという例の1つです。

　そればかりではなく、既存の枠組みにとらわれない発想をする人材や、顧客のいわないことを発見できる人材を多く抱えていることは、金融機関が豊かな経営資源をもっていることですらあります。先の例でいえば、顧客が業態転換のために売上高の半分に相当する広告代を払いたいといってきたとき、慣例に従っているだけでは理解できないでしょう。しかし広告代は小売の新規顧客獲得のための設備投資であると発想することができれば、「では何年で投資回収できるか。回収できることが論証できれば、それは良い設備投資だ」と納得することができます。

　顧客の斬新な発想に共感できる人こそが顧客からの信頼を得ることができるのであるとするならば、斬新な発想に共感できる人、あるいはこちらから斬新な発想を顧客に持ち掛けることのできる人材を育成することこそ、事業性評価の課題であるといえます。

　顧客がなぜ斬新な発想をしているのか、その仕組みを理解すれば、こちらもその発想に刺激され、斬新な発想に共感し、あるいは斬新な発想で顧客に提案することができるようになるかもしれません。

　顧客が斬新な発想をもつために行っていることは、仮説呈示と検証の繰り返しのことです。仮説とは、「いまのビジネスはなぜこんな状態になっているのだろうか。それを理解するために、いろいろと調べてみよう。さまざまな人に聞いてみよう」という問題関心と調査に基づき、「この現状を解決するためには、こういう方法を試してみればいいのではないか」とのアイデアを出すことをいいます。「なぜ」という問題関心と、「調べてみよう。聞いてみよう」という調査と、「こうするとどうなるかな」というアイデア呈示の

3つからなっています。検証とは、アイデアを少しだけ実行してみて、その反応や結果や影響が、当初立てたアイデアと同じか違うか、違うとすればなぜ違うのかについて思うことです。その結果、また新しい仮説呈示を行い、新しいアイデアを実行して結果を検証するというサイクルを続けていくことになります。こうした仮説呈示と検証は顧客が昔から行っているものであり、突拍子もないことや非常識なことは、こうしたサイクルが運動する過程のなかから出ています。

　要するに、「なぜこうなっているのか」「調べてみよう。聞いてみよう」「もしこうなったら、どうなるのか」を顧客は繰り返しているのです。そのことによって顧客は斬新なアイデアに到達しています。したがって、私たちも「なぜこうなっているのか」「調べてみよう。聞いてみよう」「もしこうなったら、どうなるのか」という仮説、検証のサイクルを繰り返し、次第にあたまを柔らかくしていく術を身に着けていかなければならないのです。第3章で説明するとおり、それはチームワークによる事業性評価のディスカッションで得ることができます。

3　金融監督当局は事業性評価をどうみているか

　財務局長の会議で、事業性評価のどのような取組みが望ましく、どのような取組みが望ましくないかが明らかにされました。

　「企業ヒアリングを踏まえた地域銀行との対話について～財務局長からの報告より～、平成28年5月23日」という金融庁ホームページに掲載されている資料によれば、次のとおりの対応は望ましい事業性評価のあり方だとされています。それは、「顧客支援目的であること」「深度ある実態把握がされていること」「取引先が抱える経営課題を認識し、顧客ニーズにあった提案がされていること」「本部から営業店へ具体的なヒアリング項目、先方へ質問する際の切り出し方、ヒアリングや分析のポイントを情報提供していること」「目利き力や提案力向上を図るための研修や会議を継続的に実施していること」「外部機関との連携を幅広く実施していること」などです。要約すると、望ましい事業性評価とは、顧客に実際に会って話をし、悩んでいることを共有し、担当者自身もアイデアを出そうとし、営業店と本部が知恵を交換し合い、必要に応じて外部のアドバイスも取り入れることです。

　一方、次のような対応は望ましくないとされています。それは、「営業推進の色彩であること」「企業の自己責任や主体性を強調していること」「見出しだけのヒアリングシートや形式的な事業性評価シートであること」「営業店での事業性評価シートの作成負担が重く、作成自体が自己目的化していること」「事業性評価に関して職員の声を聞く仕組みがないこと」などです。要約すると、望ましくない事業性評価とは、顧客に生じている表面的な事象をなぞるような事業性評価シートを担当者がつくって事業性評価の仕事がすむようなあり方です。

4　事業性評価と貸出審査はどのように異なるのか

　事業性評価と貸出審査は同じものではありません。しかし、事業性評価とは、担保・保証に依存しないで顧客の持続可能性や成長可能性に即して融資や助言を行うものだとされています。それゆえに事業性評価とは最終的には貸出に結びつくものであり、結局それは貸出審査と同じものではないかと理解されることが多いようです。

　事業性とは、フィージビリティ（feasibility）のことです。それはビジネスの可能性、成算性、継続性です。くだけた言い方をすると、お客さんのビジネスはありえる（そういうビジネスは成り立つかもしれない）、お客さんのビジネスがたぶん儲かりそうだ（そういうビジネスは利益を生み出すかもしれない）、お客さんのビジネスは長持ちしそうだ（そういうビジネスはこれからも続くかもしれない）ということです。

　評価とは、企業の価値を最大化するためには企業にはどんな条件が備わっていれば良いかを探すことでもあります。したがって事業性評価とは、お客さんのビジネスが儲かるためにはどんな条件が備わっていれば良いかを明らかにすることだともいえます。

　一方、貸出審査とは、貸出金の元本回収可能性と利息支払可能性を明らかにすることです。極端な話として、顧客のビジネスが儲からなくても、最終的に貸出が回収可能なのであれば貸出の実行は可能だと結論づけることもできます。貸出審査には担保処分による回収可能性の判断も含まれます。

　事業性評価と貸出審査をめぐって営業店では２つの問題が生じています。

　第一の問題は、事業性評価の取組みはこれまでの融資推進ビジネスと同じではないかと行き詰まってしまうことです。この立場からは、次のようなコ

メントを聞くことがあります。

「事業性評価が重要であるといっても、営業店ではピンとこない。いままでの仕事のやり方と何が違うのだろうか。お客さんを訪問し、財務諸表をもらい、格付けし、融資にかかわる話を聞き、貸出条件を詰め、金利の交渉をし、貸出申請書類をつくり、案件を審査部に説明し、実行する。これが仕事だし、それはお客さんの事業を評価して貸し出すことだ。それ以外に何をすることなのかわからない。いまのやり方でよいではないか」というものです。

事業性評価は、「日本再興戦略」改訂2014（平成26年6月24日閣議決定）で示されました。そこには次のように書かれています。「企業の経営改善や事業再生を促進する観点から、金融機関が保証や担保等に必要以上に依存することなく、企業の財務面だけでなく、企業の持続可能性を含む事業性を重視した融資や、関係者の連携による融資先の経営改善・生産性向上・体質強化支援等の取組が十分なされるよう、また、保証や担保を付した融資についても融資先の経営改善支援等に努めるよう、監督方針や金融モニタリング基本方針等の適切な運用を図る」。

また金融庁の「平成26事務年度金融モニタリング基本方針」では、「金融機関は、財務データや担保・保証に必要以上に依存することなく、借り手企業の事業の内容や成長可能性などを適切に評価し（「事業性評価」）、融資や助言を行い」とされています。

言うなれば、企業の経営改善が必要であるとわかっていること、担保や保証に必要以上に依存しないこと、企業の財務面を理解していること、企業の持続可能性を理解していること、そうした多面的な内容を含んでいる考え方が事業性評価です。

しかし、この閣議決定や基本方針をみても、「いままでの仕事のやり方と何が違うのだろうか」という疑問に対する回答は得られません。

この問題は、事業性評価の目的を金融機関の融資推進だけに絞ってしまったことに起因しています。

　お客さんが望んでいるのが資金調達に関することであったとしても、そのお金は3カ月に1回支払われる利息と1年後にくる元本償還にぴったり合ったお金でないかもしれません。それは、5年以内に年間平均収益率15％で儲かるかもしれないビジネスに見合うお金かもしれません。それにふさわしいお金は、もはや金融機関貸出金ではなく、エクイティ投資資金かもしれません。そうしたことに気づくと、第一の問題から脱出することができるかもしれません。その解決策は、貸出金の提案ではなく、ベンチャーキャピタル子会社の資金活用かもしれません。

　第二の問題は、債務者区分に縛られてしまうことです。社会保険料を滞納しているお客さんから、「ワイヤーハーネスをつくる機械を買いたい。800万円貸してほしい」とお願いされたとします。破綻懸念先のお客さまだから、回収方針でいこうと考えます。

　この考え方は間違っていません。しかし、もしも、「破綻懸念先のお客さまは基本的には追加貸出の対象になりにくい」という貸出審査の常識がなければ、答えは変わるかもしれません。機械を買っていままで手作業だったものに代替させれば、生産量は増えるし、生産物1個当りのコストは減るし、人材を営業に配置転換できるし、良いことばかりが思いつきます。したがって、機械を導入することは良いことだし、そのための800万円の融資も良いことなのだという結論になるでしょう。債務者区分の考えが柔軟な考え方を妨げていたといえます。

　この問題から脱するためには、たとえば4つの方法が考えられます。それは、⑴事業再生スキームを使い、旧会社からの営業譲受によって新会社が設立され、あるいは会社分割によって新設された会社がビジネスをフレッシュスタートする。そのための貸出を新規実行する、⑵合理的で実現可能性の高

い経営改善計画(合実計画)をつくり、ランクアップしてから新規融資する、(3)優先債務と劣後債務の構造をつくって新規融資部分を優先債務とし、優先回収の対象とする、(4)M&Aで第三者に事業譲渡して第三者がビジネスを進めるように促す、などです。破綻懸念先だから新規融資はできないという常識をなくしてしまうとアイデアは出てきます。債務者区分にかかわらずできそうなビジネスはあります。できるためにはどうしたらよいかの工夫がいるのです。

　事業性評価とは顧客のビジネスが儲かるための条件を探すことです。貸出審査は貸出金の回収可否を判断することです。事業性評価と貸出審査は似ていることも多いのでしょうから、それが逆に先に述べた問題を引き起こしているともいえます。

　事業性評価では、いったん貸出業務へのこだわりを解き放ち、エクイティ出資の可能性はあるか、M&Aや事業承継の可能性はあるか、事業再生の可能性はあるかという視点をもつことも大切です。

5 事業性評価は地域金融機関の収益力の源泉である

　事業性評価では、既存の枠組みや考え方にとらわれない斬新な発想力が必要であるとわかってきました。既存の枠組みや考え方は、他社も容易に模倣することが可能です。他社の模倣があると商品やサービスは価格競争にさらされます。他社の模倣が困難な商品やサービスは価格競争から免れていきます。金融機関は定型的な融資しか提供できないとするならば、他社も定型的な融資をするので、金利の引下げ競争に陥ってしまいます。逆に、既存の枠組みや考え方をいったん脱して、斬新な発想力を背景にして金融機関ビジネスを考え、それが他社によって模倣されにくいのであれば、その金融機関の収益力は高まりそうです。

　顧客との関係を見直してみましょう。顧客は必ずしも本当のことをいわないかもしれませんし、本当のことを顧客自身がわかっていないかもしれません。そうなると私たちには深い洞察力すら必要になるように思えます。洞察すれば他社が気づかないビジネスチャンスを発見できるかもしれません。洞察力に優れた人材を多く擁する金融機関は、他社の気づかないビジネスチャンスを多く発見することができるという意味において、収益力の源泉を多く有しているといえます。

　定型的な融資を中心にした金融機関経営のあり方は図表1－1のとおりです。それが今日では問題含みになりました。

　定型的な融資を実行するためにはどうしたらよいかだけを考えていたのでは、顧客ニーズとすれ違いを起こすかもしれません。融資残高を増やすためには、価格競争力を高めるか、ビジネスチャンスを創造して融資のチャンスをつくっていくしかありません。定型的な融資は競争条件が同じなので価格

図表1-1　定型的な融資を中心にした金融機関の収益モデル

金利収入	・定型的貸出（運転資金、設備資金） ・貸出金利引下げの傾向
非金利収入	・貸出実行手数料

競争に陥りやすいのです。価格競争力を高めることは、金利を引き下げることです。しかし、これには限界があります。したがって、できるだけ定型的な融資ではないものをつくりあげなければなりません。定型的な融資でないものとは、そのお客さんの、その資金使途にしか適用できないようなお金です。たとえば、新しいプロジェクトをお客さんが考えたとしても、そのプロジェクトにかかわる仕入先、販売先、当事者の多くを特定の金融機関が呼び込んでプロジェクトに参加させてきたのならば、そのお金はその金融機関でしか提供できないのです。その事業にかかわるさまざまな知識や経験や人間関係がその金融機関とそのお客さんの間で深く長く共有されると、他社の参入はむずかしくなります。

事業性評価を金融機関の収益改善モデルに位置づけると、図表1-2のとおりのビジネス展開を考えることができます。そこで問題は、このモデルを動かす人材をどう育てるかです。

個別的かつ多様で、工夫と時間を要する事業性評価の仕事を支える人材はそう簡単に育たないかもしれません。しかし、ひとたびそのような人材が育ってしまえば、金融機関に最も大切な経営資源を有することになります。知恵を使ってビジネスを推進する人を数多く擁していることは、金融機関の競争力を高めることになります。強い競争力は収益の源泉です。それゆえ、事業性評価に強い金融機関は収益力の高い金融機関であるとみなされています。

図表1-2 事業性評価を中心にした金融機関の収益改善モデル

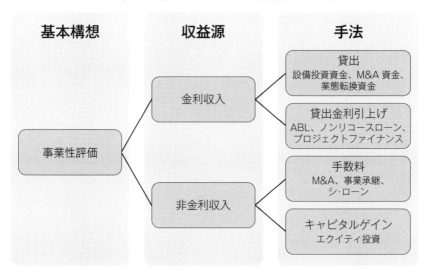

第2章 なぜ事業性評価人材が求められるのか

Human Resource Development

金融機関の経営トップが望ましいと考える事業性評価人材像

　事業性評価を担う望ましい人材像について地域金融機関の経営トップに話を聞いたところ、次の回答がありました。

A氏
　「事業性評価の神髄は、お客さまの悩みを聞いて、何かを提案することだと思います。しかし、お客さまの悩みを聞ける人（職員）が少なくなりました。20代から30代半ばの人はお客さまの悩みをうまく聞き出すことがむずかしいようです。昔よくあった集金業務のおかげで、35歳以上の人は、とにかくお客さまのところへ飛び込んでいって、何かの話をすることができていたと思います。そういう人たちのノウハウが20代から30代半ばの人たちにうまく伝承されていないことが問題の根底にあると思います。
　お客さまのなかには厳しいことをいう人もいます。"もう、来ないでくれ"といわれることもあるでしょう。それで、本当にもう行かなくなる若い人もいます。若い人たちは素直なのですが、それでは商売になりません。若い人たちと、そうでない人たちとの間の知識や体験や経験やノウハウの断絶を埋めなければなりません」

B氏
　「事業性評価の秘訣は、担当者のやる気です。私は昔、いまでこそ有名になった飲食店のチェーン店を展開している某社を担当していました。私が担当した頃は、当行は融資といえば担保と保証をキッチリとって、そしてお金を貸す時代でした。某社はチェーン店展開をするときに、フランチャイジー

を募るのではなく、自社経営店舗で進めていました。店舗を借りて新規出店していました。それゆえ、新規出店のための融資は、敷金、保証金、厨房設備、店舗造作、初期宣伝費用に使われました。担保はとれませんでした。敷金保証金担保、什器備品等の動産担保という考え方もありますが、お客さまはそれを嫌がりました。融資の根拠は、一軒一軒の店舗の将来のキャッシュフロー見通しでした。その頃の当行は無担保の長期融資という考え方は、実質的にはありませんでした。したがって、担当者だった私は、新規店舗のキャッシュフローのプロジェクション（計画書、計算書）を書いて、審査部に承認をもらう必要がありました。その頃の審査部は、無担保の長期融資などありえないというスタンスでしたから、それは苦労しました。こうした積重ねが私にとっての知識であり、結果的には審査部の知識にもなりました。

できない理由を探すのではなく、できるためにはどうしたらいいかを考えるしかないのです。それが担当者のやる気なのです」

C氏
「事業性評価の人材とは、社長の懐に飛び込んで、何かを聞き出して、なんでもよいから提案する人です。社長に会って、社長の話を聞くのです。社長の夢かもしれませんし、社長の欲かもしれませんし、社長の考えかもしれません。とにかく社長の懐に飛び込んで、社長に食らいつくのです。社長から離れないのです」

地域金融機関の経営者に聞いた限りでは、事業性評価の人材に求められることは、むずかしい知識を豊富に保有しているとか、弁舌に長けて抜群に人当たりが良いとか、お客さんの悩みを最初から見抜いて即断即決できるといったことではありませんでした。むしろ、顧客に会う、顧客と対話する、顧客のニーズを知る、顧客のニーズを満たす提案をする、換言すれば、顧客

の希望をかなえることに意欲を示そうとする人物像が浮かび上がります（図表2－1参照）。

　地域金融機関の経営者が望む人物像とは、当たり前といえば当たり前の人物像です。専門的な知識や幅広い体験や強力なリーダーシップを発揮するような超人的な人物像ではなく、お客さまときちんと話ができ、お客さまの悩みを素直に聞け、お客さまにアドバイスができる人物像です。

　しかしなぜそうした人物像をいまになって地域金融機関の経営者が必要だと感じているのか、不思議といえば不思議です。事業性評価に求められている人物像が、顧客とのスムーズなコミュニケーション力、課題の把握力、課題の解決提案力の3つを有していることであれば、地域金融機関の役職員はそれをどのように身に着けることができるのかが課題になるといえます。

図表2－1　事業性評価を担う人材像

求められている	求められていない
・顧客とのスムーズなコミュニケーション力 ・課題の把握力 ・課題の解決提案力	・むずかしい知識が豊富にある ・弁舌に長けて抜群に人当たりが良い ・お客さまの悩みを最初から見抜いて即断即決できる

2 事業性評価人材育成によってどのように役職員は変化するのか

　本書で提案する事業性評価人材育成の実践としてのプログラムをある地域金融機関で実施しました。その結果、地域金融機関職員の考え方にどのような変化が生じたのかを記します。

> 　「いまの自分たちは、事業先から決算書を得て、その数字だけにとらわれて融資ができるかできないかを一番に考える。しかし、決算書に表れない企業の強みや弱みや課題を見逃している。そこを突かれるとわれわれは弱い。
> 　たとえば、売上高利益率とは利益を売上で割った数字であることを理解したうえで、売上高利益率を改善することは望ましいことだと抽象的にいうことがある。売上高利益率を改善しなければいけませんよとお客さまにいっても、どことなくよそよそしい。しかし本来は、その数字の裏にある何を改善するとこの会社はもっと良くなるのか、利益を大きくするのはコストをカットするだけでよいのか、コストカットではなく売上を伸ばす提案のほうがお客さまに受け入れてもらえるのか、そのために具体的に私が何を提案すればよいのかまで深く掘り下げて考えたい。そういうことを考える人になりたい。
> 　当行の都合で貸せる貸せないを考える営業スタイルや、信用保証協会の空き枠を使って貸せる貸せないを考える営業スタイルはやめて、型にはまらない自由な発想をもちたい」

　本書で提案する事業性評価人材育成の実践とは、同じ金融機関のなかのさまざまなタイプの人たちが一緒になり、会社の経営課題を発見し、それに対して解決提案をするアイデア出しをしていくものです。いわば"三人寄れば文殊の知恵"の言葉のとおりに進めていくものです。実在するお客さまから

"このアイデアはいいね"と評価してもらえるよう、グループ討議を通じて金融機関職員の事業性評価の力をつけていこうとする試みです。

「社長が望むことをいくつか想定して、提案できることをまとめておく先輩たちの姿勢がとても勉強になった」

「企業に対する融資に関し、他の人たちとグループ討議によって話を聞くことで、仕事の考え方を知る機会になった」

「支店みんなを巻き込んだ取組み、女性の視点、若手の視点、消費者の視点を織り込むと、ある程度の財務分析ができるゆえに似たような提案になりがちになることを防ぎ、固定観念にとらわれない発想をもつことができる」

「必要なことは、正解を示すのではなく、一緒に考えて1つのアイデアを提供することである」

「1つの会社を支店全員で考えることは、若手育成にもなる」

「ここまで考えてからお客さんと話をすることはなかった」

「その融資から企業に対して何がプラスになるのかを考えたうえで提案していけるように自分を変えたい」

「実際に顧客の目の前で決算書をもとに限界利益率を出し、赤字解消のための目標売上高を提案したら、"他行はそこまで細かく指導してくれなかった。具体的な提案でわかりやすい"と褒められた」

また、フィンテック（FinTech）の進展によっていっそう金融機関同士の競争が激しくなり、金融機関の合従連衡が進むのではないかとの予測は、金融機関職員の気持ちにも影響を与えています。合併したあと、自分が勤めている金融機関はどうなってしまうのかとの危機感を事業性評価に当てはめて考える人がいました。

> 「今後、地域金融機関の合併が進んでいくなかで、当行が生き残っていくためには、企業を育てなければならず、そのために事業性評価が必要である」

　金融機関の存在証明として事業性評価は位置づけられるようにもなってきました。

3 なぜきめ細かい対応をする事業性評価人材が必要なのか

　先に、「他行はそこまで細かく指導してくれなかった。具体的な提案でわかりやすいと褒められた」という話を紹介しました。顧客から評価されたのは、この役職員がきめ細かい対応をしたからでした。

　融資に関する取組み方は長い期間をかけて変化してきました。それを振り返ってみましょう。

　昔は、①規格化された融資商品をできるだけ多く売る、②一件ごとにみれば金利収入は少なくても、大量に売れば利益を確保できる、③標準化された商品知識と販売ノウハウが融資を含めた金融商品販売の決め手である、④正解がある問題を短時間で解くような仕事をすることが良い仕事ぶりである、⑤役職員に回答を与えて、それが正確に複製される組織づくりが良い経営であるとの経営方針がみられました。これは大量の資金需要を早く満たすためには必須のことでした。製造業でも同じことがいわれていました。観光業でも同じことが言われていました。少品種大量生産で需要を早く満足させなければいけない高度成長時代には必要な経営方針であり、そのもとで求められた人材像は今日とは違っていたのです。

　しかし今日では、少量多品種生産、1人ひとりの顧客ニーズの違いにそくして、きめ細かい仕事ぶりをすることが評価されています。これを受けて、①多様なニーズにそくした多様な融資商品を売る、②少量しか売れなくても1件当りの儲け幅が大きいので利益を確保できる、③アイデアを提供できることが決め手である、④正解のない問題をみんなで考えれば正解にたどり着けるかもしれない、⑤役職員が自分で問い、その問いに対する答えを自分で出した従業員はそこではじめて納得する。それが他の役職員や支店全体の考

え方に影響を及ぼし、結果的に支店全体の収益構造に影響を与えるかもしれないとの考え方に変化してきました。

　本部や経営陣があれしろこれしろというだけでは、金融機関役職員の1人ひとりにまで経営方針が浸透しないとの考え方が広まりました。こうした考え方は事業性評価の仕事ぶりにも当てはまります。その結果、きめ細かい事業性評価の仕事ぶりが望ましいとされ、それが顧客の信頼を勝ち取ることにつながっているのです。

第3章 三人寄れば文殊の知恵

Human Resource Development

1　事業性評価とグループ討議

　事業性評価では取引先の経営課題を把握し、それに対する解決提案を行います。経営課題を把握し、解決提案を行うのは誰なのか考え直してみます。こうした仕事は通常1人で行います。担当者と呼ばれる人がいて、資料を検討して仕事に関する起案をし、その案を上司に提出して決裁を受け、仕事を進めていきます。担当者が考えに煮詰まったら上司に相談して適宜の指示を仰ぎます。担当者個人がいろいろと思いをめぐらし、何かの起案に至るのです。

　しかしこれを最初から3人以上で進めるとすれば考えの幅が広がり、互いに刺激をしあいながら、より多様で斬新で抜本的で他の模倣を許さない、結果的には取引先から喜ばれる着想が得られるかもしれません。

　ことわざに、「三人寄れば文殊の知恵」があります。人々が集まって話合いをすると、人々が相互に働きかける作用によって、各人が考えていたことの総和以上に、よい考えが産み出されるとの趣旨です。

　これはグループ討議と呼ばれる手法と同じものです。グループ討議によって多様な人々は相互交流しながら事業性評価のアイデアを豊かにしていきます。

　事業性評価とは孤独な仕事であるとの枠組みを取り払い、事業性評価とはみんなでワイワイガヤガヤしながらやるものだ、と位置づけを変えてしまうのです。

　グループ討議による事業性評価の仕事には、次の特徴があります。

① 　1人では考えつかない他の人の意見に接すると、担当者もさまざまな角度から取引先の事象をとらえることができます。

② ワイワイガヤガヤの状態とは、討議が活発であると同時に和やかな雰囲気でもあります。このとき参加者1人ひとりの発想や着眼点はこれまでの枠組みからはみ出し、豊かなものになります。

③ 討議のゴールを、ある特定の結論を出すのか、結論は出さないまでも意見が出ればよいとするのか、いずれかでよいとすることができます。必ずしも結論に到達しなくてもよいとすると、いってはいけないとの自己規制を外すことができ、自分のなかにあった意見を出して豊かな発想をもつことができます。

④ 担当者は、その取引先を担当しているがゆえに、固着した考え方や先入観にとらわれています。「これは昔からこうなっていた」「これはすでに解決できない問題だと結論が出ている」「いまのやり方を変えることはできない」「環境が変わらない限り当社の販売先を変えることはできない」こうしたたくさんの固着した考え方にとらわれています。グループ討議ではいったん固着した考え方や先入観を取り外しますので、担当者は豊かな着想を得ることができます。

⑤ 誰もが思いついたことを声に出してしまうので、恥ずかしさや奥ゆかしさを免れて、率直な意見に触れることができます。多面的な課題把握や解決提案の着想を担当者は得ることができます。

⑥ 議論の対象は架空の会社ではなく実在の取引先なので、その事業性評価は直ちに自分たちの実績として反映されます。

⑦ 事前の準備が必要なので、事前の真剣な調査を通じて、企業理解や業界理解が深まります。

⑧ 考え抜くという困難を乗り越えることで、仕事を通じた自己成長の実感や自己実現の満足感を得ることができます。

⑨ 顧客との会話が豊かになります。

⑩ 他人が一生懸命に事前調査をし、考え抜き、発言し、支援する姿をみ

て、自分ももっと向上しなければならないとの意欲をもちます。また、顧客に対するソリューション提案営業への意欲をもちます。
⑪ 3人いれば3人、7人いれば7人、10人いれば10人、みんなそれぞれ違う意見をもち、それぞれの意見は素晴らしいと気づくので、職場のダイバーシティ（多様性）、人間関係の豊かさに気づくことができます。不満に思えたいまの職場は、実は最高の職場だと腑に落ちるようになるかもしれません。
⑫ 発想力豊かな人とともにいると、その人が普段から好奇心をもってさまざまな情報を収集しているという現実を目の当たりにします。普段から自分も情報収集を怠らず、いろいろなことを深く掘り下げて考える習慣をつけなければならないと気づきます。自己研鑽意欲が高まります。
⑬ 1つひとつの事柄を深掘りしていく姿勢を身につけるようになり、日々の現象の背後にあるメカニズムや構造を理解するようになります。
⑭ 1人で考えて煮詰まってしまったことでも、他人の意見に触れることで、昔思いついたアイデアを捨てることなく改良していくことができます。

2 グループ討議の進め方

　取引先の実態把握をし、想定される経営課題を発見し、課題解決の提案をつくる活動には、図表3-1に示されている事業性評価のプロセスのとおり、8つの段階があります。

　それは、
① 共通のテーマを設定する
② 顧客のビジネスに共感する
③ 顧客のビジネスを理解する
④ 顧客の課題を発見する
⑤ アイデアを出し合う
⑥ 顧客に課題解決提案をする
⑦ 顧客の反応に応じて提案を修正する
⑧ 顧客のビジネスが実現し、その結果、地域金融機関のビジネスが成立する

図表3-1　事業性評価のプロセス

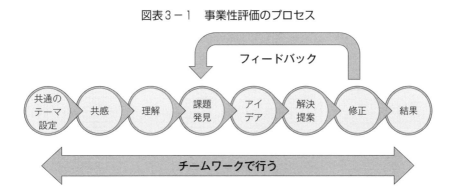

という8つの段階です。

　また、⑦の段階は④の段階へフィードバックされ、提案内容がさらに改善されます。PDCAサイクルのサブルーチンがあります。

　さらにこのプロセスを事業性評価の担当者1人で行うのではなく、3人以上の人々が集まって話し合い、アイデアを出し合う場を設定します。チームワークで事業性評価を行うことによって、1人では思いつかなかった多種多様な提案に結びつくこともわかってきました。あおぞら地域総研株式会社が地域金融機関とともに設定してきたチームワークの場は、"事業性評価実践研修"、"取引先深耕ミーティング"、"経営改善支援ワークショップ"などの名称がついた集まりの場でした。

1　共通のテーマを設定する

　チームワークの原動力は共通のテーマです。共通のテーマを設定するとは、要するに、「取引先の○○社の事業性評価をするに先立ち、解くべき問題を明らかにする」ことです。これをチーム全員で討議していきます。

　共通のテーマは、チームワークで事業性評価を実践する全ての参加者のインセンティブやモチベーションである感情や動機に訴えかけるものであることが必要です。「当店大口取引先○○社の事業承継をスムーズに進めるためには当行は何を提案するか」とのテーマ設定は、「私の勤める支店でも同じ問題を抱える取引先がある。これを解決すれば、私の支店の取引先にも応用可能だ」との感情に訴えかけます。漠然としたテーマや自分におよそ関係がないテーマに人は反応しづらいものです。

　共通のテーマは、地域金融機関にとって重要なテーマであることも必要です。「当店大口取引先○○社の事業承継をスムーズに進めるためには当行は何を提案するか」とのテーマ設定は、「○○社に代表される大口無担保貸出先へのモニタリングの仕方」「事業承継問題への解決策」「スムーズに進める

との表現が意味する、他行による肩代わりを防衛すること」の3つの重要な問題を含んでいます。そのことに地域金融機関の経営トップが並々ならぬ関心を示しており、テーマをめぐる討議の進み具合に大きな関心を示していることが明確になっていると、討議はより熱心なものになります。経営トップのコミットメントは、参加者の感情や動機に大きな影響を与え、実践の質を著しく高めます。

　○○社を討議のテーマに選定したのはなぜかを、選定した人が明らかにします。「○○社は当店の大口貸出先で、当店の収益に重大な影響を与える。ひいては当行の利益に大きな影響を与える」「○○社は事業承継問題を抱えており、これをどのように解決するかをみんなで共有できれば、他店で困っている同種事案の横展開による解決が可能になる」「○○社はメイン先ではなく、積極的に取引を拡大していきたい先である。しかし私1人では妙案が出ない。みなさんの知恵を借りて、少なくともメイン金融機関と同じような取引関係に立っていきたい。良い方法が見つかれば、他店での同じような悩みに一般化可能な解決策を提供することができる」などの切実な問題意識は、確実に参加者の感情や動機に訴えかけます。

2　顧客のビジネスに共感する

　顧客のビジネスに共感するためには、それまで当たり前だと考えられた枠組みに従うのではなく、「初めてこの取引先を担当したならば、どのようなことに私たちは関心をもつだろうか」の点までさかのぼります。

　「マリ不動産」という会社があるとします。前任者がつくった事業性評価シートには、SWOT分析、3C分析、事業の経緯、株主構成、保有資産明細、当行との取引履歴などが書いてあります。しかし「マリ不動産」の社名の由来は書いてありません。この名前を不思議に思うことは共感の端緒になります。

社長に社名の由来を聞くと、意外なことがわかりました。マリとはMarie（マリ）というフランス語風の名前をもとにしているそうです。そのMarieとは、フランス語で「愛する」を意味するaimer（エメ）という言葉の文字を入れ替えてつくったそうです。何を愛するのかと社長に尋ねると、「地域を愛する。みんなが地域に根付いて、みんなが地域で安心して暮らせるように願う。そのためには、安心して暮らせる住居が必要で、私はそれをビジネスにしたかった。だからマリ不動産にした」とのことです。こうした話は枚挙にいとまがありません。しかし、社長の夢の一端を知ったようで、その後のビジネス展開を社長と話し合うときの糸口になります。

　債務超過が続いてきた会社が今日もなお存続していることを不思議に思うことも、共感の第一歩です。債務超過は破産手続開始の原因になりうるのに、よく破産しないで続いてきたものだと感心します。もちろん、この会社が破産しないように地域金融機関は支援してきたのであり、それは当たり前だとしても、では、なぜこの会社はいまも営業を続けているのかと問うのです。社長に「債務超過を解消する方法を一緒に考えていきましょう」と提案しても、社長からは、「債務超過で何か支障があるのか」と問い返されることもあります。「お客さまがこの会社を必要としているから、仕事を続けているのだ」とする社長の意見に共感できるかどうかが第一歩です。地域金融機関の役職員は金融のプロですから、債務超過が財務収支構造に与える影響だとか、将来の展開に支障があることはわかっています。しかし社長は必ずしもそうではないかもしれません。「お客さまがいれば、会社は続くのだ」との認識に立っている人に、破産手続開始の原因になりうるとの理屈は通じにくいものです。「金融知識に大きなギャップがあるから、社長と地域金融機関で財務収支構造の問題に関する認識が違うのだ」と気づきます。そこで金融知識を社長に説明しますが、それは社長が会社を続かせたいと願っていることに共感してはじめてできることです。

営業利益段階で赤字が続く会社が今日もなお存続していることを不思議に思うことも、共感の第一歩です。社長に聞くと、「当社は業務提携先から報奨金を毎年得ることができる仕組みをもっている。したがって最終利益は必ず黒字になる。だから、営業利益が黒字かどうかは重要な問題ではない」との返答がありました。これなども審査の常識からすれば到底容認できません。しかし社長の考えに共感する余地があれば、当社に限って、会社の利益の見方を変えるようにすることができるかもしれません。その見方が当社の支援を継続させることにつながるならば、独自の事業性評価の着眼点になるといえそうです。

3　顧客のビジネスを理解する

　顧客のビジネスは、既存の考え方の枠組みやいままで慣れ親しんできた常識どおりのこともあります。逆に、既存の考え方の枠組みやいままで慣れ親しんできた常識からすると到底理解できないビジネスアイデアもあります。後者は問題になりえます。「取引先の考え方の枠組みが当方の考え方の枠組みと異なる。それは当方の常識にあわない。したがって顧客の考える破天荒なビジネスアイデアに基づいた融資案件は謝絶せざるをえない」との発想は問題が多いとされることがあります。「お客さんの考えを理解していない」との批判がありえるからです。

　先に述べたとおり、たとえば、「卸売をやめて消費者へのダイレクトマーケティングに乗り出したい。大手新聞に15段広告を10回に分けて打つために、年間売上高の半分に相当する広告代を払いたいので、その資金を今年だけ貸してほしい」と取引先から申し出があるとします。広告宣伝費は売上の何％にとどめることが無難だとする審査の常識に即していえば、とても理解できるビジネスアイデアではありません。しかし、取引先が業態転換のために売上高の半分に相当する広告代を払いたいといってきたとき、広告代は小

売の新規顧客獲得のための設備投資であると発想することができれば、「では何年で投資回収できるか。回収できることが論証できれば、それは良い設備投資だ」と納得することができます。

　顧客が考えるビジネスアイデアがなぜ当方にとって理解困難なのかといえば、顧客と当方の考え方の枠組みが異なっているからなのです。枠組みのギャップを埋めるために、顧客を量の面と質の面、2つの面から理解することが勧められます。

　顧客を量の面で理解する例には、損益分岐点分析を使って、必要な利益を生み出すために必要な売上高はいくらかを計算することなどがあります。

　顧客を質の面で理解する例には、取引先の社長が生き、働き、体験し、考えている現実世界をありのままに受け入れ、そのうえで社長の夢とは何かを考えることがあります。

　量と質の関係は相互補完的なものです。量の問題、数値の問題を理解したところで、それが社長に働きかける意味をもつものでなければ、絵に描いた餅です。損益分岐点分析の結果、売上高を100倍にしなければ期間損益を黒字にできないとの結果は、取引先にとっては悪い冗談でしかありません。量の理解、数値の理解は、金融機関職員にとってなじみ深いものですが、取引先の社長にとってはそうではないかもしれません。

　「社長の夢はなんですか」との問いかけは、「社長の夢をかなえるのが当行の夢です」とのコミットメントとセットになっています。社長の夢をかなえるためには、この数値をクリアしなければならないとの説明があってはじめて量的分析は意味をもちます。「期間損益を黒字にするには、いまの売上を20％増やせばよいのです。そうすれば赤字会社から抜け出たいとする社長の夢は現実のものになります。これを5年かけて実現しましょう。そのためには当行の複数の取引先に働きかけて、貴社の製品を取り扱ってもらうように働きかけていきましょう」と提案することになります。

4　顧客の課題を発見する

「顧客の課題を地域金融機関はこのように認識しています」というとき、そこであげられる課題について、社会でよくいわれることをそのまま転用していることが多くみられます。「少子高齢化によって後継者難があり、当社には次世代に引き継ぐ人材が不足している」、あるいは「消費者の嗜好の変化が激しく、かつ、当社はその変化に追いつけず、販売難の傾向にある」との課題表現を事業性評価シートに書くことがあります。

しかし、こうした課題表現をすると、事業性評価担当者はそこで考えることをやめてしまいがちです。1人で課題を深く掘り下げていくことはむずかしいのです。表面的に把握していることと、顧客が考えている課題に食い違いがあるとすれば、表面的な課題の把握の仕方と、本当の課題を深いレベルで把握することを分けて考えなければなりません。

少子高齢化で後継者がいない課題は、どのような問題に置き換えることが可能かを検討します。これを1人で行うのはむずかしいので、グループ討議の方法で対応したほうがよいのです。

グループ討議では、

「後継者がいないのではなく、後継者がいるのだが、親子の仲が悪いからそういう言い方にしているのではないか」

「後継者がいないから廃業するのではなく、後継者がいないながらも、第三者のもとでビジネスが続くことを望んでいるのではないか」

「後継者がいるかいないかは大きな問題ではなく、このビジネスを大きく変化させる必要があるのに、実は社長がそれを躊躇していて、それで後継者がいないことを口実にして、問題をすりかえているのではないか」

といった意見が出てきます。

そうしたさまざまな意見を踏まえて、事業性評価における顧客の課題発見

の問題が研ぎ澄まされていきます。そして、顧客でさえ気づいていなかった課題に触れ、洞察力すら得られる可能性も出てきます。

5　アイデアを出し合う

　課題解決提案をパターン化することがあります。他店の事例で成功したものを当てはめる、外部専門家を活用する、ビジネスマッチングに関する金融機関内のサイトに登録するなどのパターンをあらかじめ用意しておいて、これを類型化された課題に対する回答として当てはめていくのです。しかしこれは便利なようで、先に述べたような危険、つまり事業性評価担当者が掘り下げて考え抜く姿勢を阻害することになりがちです。事業性評価とは、答えが1個だけに定まっている問題をできるだけ早く解くことではありません。千差万別の状況に応じて変化する社長という人間の感情を取り扱うものですから、課題に対する解決の提案も、紋切り型で済ますわけにはいきません。

　顧客の課題を解決する提案もグループ討議を使うとわかりやすくなります。他店で使われた最適提案をそのまま使うのではなく、他店の事例と本件事例の共通点と差異を見出し、また、他店に使われたケースが本件でも共通に使うことができるための条件をあぶり出していくことで、社長の課題にベストフィットする解決提案が紡ぎ出されていきます。この具体的方法は「チームワークによる討議の手法」のところで詳しく説明します。

6　顧客に課題解決提案をする

　顧客訪問のかたちで金融機関の役職員が顧客に会うことは頻繁にありますが、会ったときはいつも提案をしているわけではありません。

　「会うだけならば来ないでほしい」「会うだけならばメールで済ませてほしい」といわれると、たじろいでしまいます。大きな会社になればなるほど、社長との距離が離れていきます。しかし、「会社にとって得になる提案があ

ります」といえば、「それでは会ってみようか」と答える顧客は多いものです。大きな会社に対してでも、「私の話は役に立つ。それがわかってもらえれば、社長はこちらを向いてくれる」との自信を事業性評価担当者はもつことができます。事業性評価担当者の提案は、行き詰まった顧客関係に対する大きな打開策につながります。提案することはやはり重要だと思い直されています。

　提案は、事業性評価担当者にとっての試金石です。提案内容が充実しているためには、事前の周到な準備が必要です。充実した提案は、顧客の事業の成長発展に協力しようとする地域金融機関の姿勢を示すことにつながります。

　事業性評価に伴う提案には、いまの会社の状況にこだわらず、将来像に関するアイデアを顧客と討議するために持ち込んだ暫定的な考えでしかないものもあります。

　建機のリース会社があるとします。建機のリース件数が思うように伸びないのは、レッシー（リース建機の使用者）である建設会社で重機のオペレーター（操作者）となる人材が不足しているからであるとの課題をその建機リース会社は認識しています。そのとき、「建機のオペレーターの資格をとれるような技能専門校を貴社（建機のリース会社）が設立すれば、人材を輩出することで、レッシーである建設会社の志向にフィットする」とするグループ討議の提案が出てきます。このアイデアは、リース会社が学校をつくるというものです。

　「そんな突拍子もない素人考えが受け入れられるはずがない」と懸念されましたが、似たような発想で似たようなビジネスを取り込もうとする社長がいたのです。そうした社長には、「よくおもしろいことを考えつくものだ。実は人を育てていけば仕事に広がりをもてるのではないかと、長く考えていたのだ」と受け入れられることがあるのです。

暫定的な提案は、それ自体で完結するものでもありません。「おもしろい提案だね」といってもらえることがあっても、さらに詰めるべきことが見つかってきます。その点をさらに掘り下げることが、顧客のもつ将来像を共有して、地域金融機関が顧客の成長発展にコミットしていることを証します。それは「顧客との深度ある対話」などと呼ばれることがあります。

7　顧客の反応に応じて提案を修正する

　地域金融機関の役職員が事前にさまざまな人たちと討議をして、アイデアを実現できそうだとの自信をもって顧客に提案しても、顧客との間でさまざまな意見の違いがみられることがあります。売上拡大のために設備投資をして生産能力を高める提案をしたところ、社長からは、「売上拡大をねらうのはそのとおりであるが、問題は人が足りないことなのだ」と反論されるかもしれません。設備投資よりも人材確保のほうが先決問題だとするものです。また、売上を増やすためには品揃えを増やすことが大切だから、在庫を多くもつ提案をしたところ、「男性客ではなくむしろ女性客を増やしたい」と顧客層の転換が経営課題だと教えられるかもしれません。

　社長に会ったときに意外な反応があるだろうことはわかっていたはずだから、もっと社長の考えを事前に聞いておけばいいではないかという人がいるかもしれません。しかし実情はそうなっていないのです。社長に会うことをためらい、会っても社長と話がかみ合わない、会ってもビジネスに直結する話ができない、こうしたことが悪循環になって、社長の考えを率直に聞く機会が少なくなっていることがいまの事業性評価の担当者の悩みなのです。

　社長に会ってビジネスの話をするためには、社長の夢はなんだろうか、社長の夢を実現するためには売上高はいくらでなければならないのだろうか、たとえばどのような提案をすれば社長の感情を突き動かし、「同じお金ならば、いいことを提案してくれるお宅からお金を借りよう」といってもらえる

だろうか、と事前にアイデアを練り上げていかなければならないのです。そのための知恵を集める討議の場が必要なのです。

8　顧客のビジネスが実現し、その結果、地域金融機関のビジネスが成立する

　事業性評価を進めた結果、社長の夢を現実のものとするためには設備投資が必要であり、そのためのお金が必要だとする理解を取引先から得られたとしましょう。その時になって、やっと地域金融機関にとっての融資や投資のビジネスの機会が生まれることになります。

　設備投資が必要になれば、融資ビジネスの可能性が高まります。一方、取引先が考えているビジネスの特性から、定期的なキャッシュフローが見込めないものは、定期的な金利の支払いや元本の均等償還になじまないかもしれません。その時にはエクイティ資金の可能性を検討することになるでしょう。エクイティ資金の投資ビジネスは地域金融機関にとってなじみ深いこともあれば、そうでないこともあるでしょう。エクイティ資金を第三者である投資ファンドが提供し、エクイティ投資で足りない資金調達部分を地域金融機関の融資機能でまかなうことも考えられます。

　事業性評価の結果、地域金融機関がこれまで取り扱ってこなかったタイプの仕事に踏み込まなければならないことも生じるでしょう。海外展開を望む取引先に対して貿易取引をバックアップするための外貨建て与信枠の設定が必要とされる局面が出るかもしれません。

　事業性評価の結果、長期融資取引を増やすことを通じて貸出金利の引上げにつながるかもしれません。また、保証協会付き融資をプロパー融資に転換することを通じて、実質的な金利の引上げにつながることになるかもしれません。

3 グループ討議の手法

　チームワークで事業性評価を実践するときの肝要な点は、チームワークをいかにして成り立たせるかにつきます。ただ3人以上の人が集まって、「○○社の事業性評価についてどう思いますか」と話を切り出しても、そう簡単にアイデアが出てくるわけではありません。

　そこで具体的にどのようにすれば話合いがうまくいって、経営革新的な（イノベーティブな）課題解決提案が出せるようになるのか、それを成功させるためのチームワークのつくり方はどうするのかが問題になります。取引先社長から「ありがとう。ほんとうに助かる」「お金だけではなく、知恵も貸してくれるのだね」との言葉を引き出せるイノベーティブなアイデアや経営課題解決提案の引き出し方が問題となります。

　ここではグループ討議の手法のうち、①準備、②進行役（ファシリテーター）、③時間配分、④4つの原則、⑤提案のデザインの5項目について説明します（図表3－2参照）。

図表3－2　グループ討議の手法

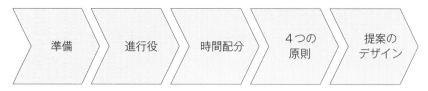

1　準　備

- メンバー
- 対象先
- 資料
- 事前課題

　準備とは、これからグループ討議をするための条件を定めることです。準備の段階では、グループ討議をするメンバー、討議の対象とする取引先、討議の素材とする資料、討議に先立ってメンバーが事前に行っておくべき課題を定めます。

(1)　メンバー

　職層、職位、職域、性別、年齢、融資経験年数、支店所在地は多様であることが求められます。多様なメンバーからなる混成チームほど、多様な提案が出やすくなるからです。ただし、次長や代理などの同一職位の人たちに事業性評価の力を特につけてもらって、その後、その人たちがOJTによって営業店での部下指導にあたってほしいなど、特定の目的をもって取り組む場合には、あえてメンバーを多様にしないようにすることもあります。

　人数は1グループ3～6名程度です。1グループだけで行うこともありますし、複数グループで行うこともあります。複数グループで行うときには、最後にグループ間で意見交換する機会を設けます。

　グループ討議を進め、チームワークの力を最大に発揮するために、進行役（ファシリテーター）を指名します。進行役はこの討議の運行をつかさどります。グループ討議のあと、進行役は営業店に戻って事業性評価の実践を営業店のみなさんに広げていくときの指導者としても活躍することが期待されます。

第3章　三人寄れば文殊の知恵

なお、こうしたグループ討議を初めて行うときには、あおぞら地域総研株式会社のようなアドバイザーを招いて、進行役の代わりとして討議の滑出しを任せ、その後、進行役にさまざまなノウハウを徐々に浸透させていく方法もあります。アドバイザーはセミナー講師のような振る舞いをします。ただし、アドバイザーが進行役の代わりを務めるのは、あくまで滑出しの段階だけです。その後は進行役の独り立ちを促していくことで、討議が地域金融機関の内部だけで完結できるようにしていかなければなりません。

　アドバイザーは、事業性評価の提案に関して、地域金融機関内部だけではまかないきれない外部の情報を搬入する専門家としての役割が期待されているのです。

(2) 対 象 先

　事業性評価を通じて取引先に何を訴えかけたいか、どのような提案をしていきたいかに応じて、対象先を選ぶことになります。取引を積極的に拡大していきたい、経営改善を進めたい、事業承継を平穏に進めたいなど、さまざまな動機があります。

　対象先を選定する切り口としては、債務者区分、経営改善支援状況、メイン・準メイン・非メイン、取引拡大方針・維持方針・縮小方針、技術力評価の必要性、販路拡大の具体策検討、地域外との連携策検討と、さまざまなものがあります。

(3) 資　　料

　グループ討議を行うときには、なんらかの書類を素材にして、書かれた内容について話を切り出すと、その後の進め方が容易になります。当社に関するもの、同業者の成功事例に関するもの、業界の動向に関するものが討議に役立ちます。

　当社に関する資料には、事業性評価シート、自己査定シート、取引先概況表、決算書や納税申告書と付属明細書や別表、面談記録などがあるでしょ

う。

　同業者の成功事例や業界の動向に関する資料には、Webにある情報のほか、本、雑誌、新聞の記事、シンクタンクのレポートなどがあります。研究者のレポートも役立つことがあります。CiNii（サイニイ。研究者の論文を紹介する国立情報学研究所の検索ページ）が役立ちます。https://ci.nii.ac.jp/ にアクセスし、検索欄に、たとえば、「家具　産地」と入力して検索すると、家具に関するイノベーションが各産地でどのように進められてきたのかを手に取るようにみることができます。ただしこれは研究者の論文ですから、表現がむずかしくなっていたり、理論的な話が多くなっていたりするため、商業的に参考になる部分は比較的少ないような印象があるかもしれません。

(4)　事前課題

　グループ討議を行う1カ月前を目途として、討議の対象先に関する資料を参加者に示し、次の事項を事前に検討しておくよう伝えます。

　事前の検討課題は、①このデータのなかから読み取れる対象先の経営課題は何か、②その経営課題を解決するためにはどのような提案をするか、③経営課題解決提案はなぜ対象先の社長に受け入れられると思うか、④この提案によって当行にはどのような収益機会がもたらされると思うかというものです。

　また、「当行は社長の夢をかなえるパートナーです」との経営方針を掲げる金融機関では、「社長の夢」に重きを置いた事前課題の設定をします。その例は、①「本部から配布した資料、あなたがインターネットやこの会社のホームページや本や雑誌から得た資料を調べた結果、この会社の社長の夢は何だと思いますか」、②「その夢をかなえるためには、この会社の売上高や利益などの経営数値はいくらでなければならないと思いますか」、③「社長の夢をかなえるには、どのような提案をすればよいと思いますか」、④「あなたが考える提案はなぜ社長に受け入れられると思いますか」、⑤「あなた

の提案を通じて当行はどのようなビジネスのメリットを受けることができると思いますか」です。①は経営課題の質的な把握、②は損益分岐点分析を活用した量的な把握、③は質的分析と量的分析を踏まえた経営課題解決提案、④は社長の感情に訴えかける理由、⑤はこの会社とこの金融機関のWin-Win関係を実現する内容を意味します。

　検討課題を与えられたメンバーは、この対象先になじみはなく、データの範囲内でしか考えることができないので、思い描く課題や解決提案に限りがあるでしょう。しかしメンバーは、この限られた情報をもとに2つの工夫をするのです。1つは、自分がこれまで経験してきた仕事の内容をよく思い返し、似たようなことがあったのか、近い出来事があったのか、それをこの対象先について応用するとどうなるかを思い巡らします。もう1つは、インターネットや本や雑誌から、対象先の取り扱う製品やサービス、同業者の情報を検索し、情報を自分なりに整理して、課題や解決策について思い巡らします。

2　進　行　役

- 多様な意見を引き出す雰囲気づくり
- 議論が煮詰まったときの対処

　進行役（ファシリテーター）は、チームワークで事業性評価を実践するときの中核的な役割を担う人です。事業性評価をチームワークで行うことは、多様な人々の意見やアイデアや経験を総動員してはじめてできることですから、意見やアイデアや経験をメンバーから出してもらうことが、進行役の最も大きな仕事になります。

　実際に討議をするときの最大の問題点は、メンバーが意見やアイデアや経験を言いにくいことです。誰しも意見やアイデアや経験をもっています。し

かし、「こんなことをいったら恥ずかしい」「こんなことも知らないのかと批判されるのが怖い」「自分の経験は未熟だから、この場でいうのは気が引ける」と思う人がとても多いのが実情です。それゆえに討議を始めても、盛り上がりに欠けることがしばしばみられます。

　進行役の機能は、部店長などのリーダーにみられる仕事ぶりとも異なる部分があります。率先垂範型のリーダーは、部下の言い分を聞いたとしても、単なる参考程度に聞き置いて、自分の仕事の進め方を強く推し進める傾向にある人がいることもあるでしょう。そうしたリーダーシップのもとでは、意見を出すよりも、リーダーの見解を補強するだけにとどまる可能性があり、課題把握や解決提案の幅が狭くなってしまうことになりがちです。自分の意見にこだわらない寛容さが進行役には必要です。

　進行役は、時間配分を気にかける、先入観をもたないですべての発言を容認する、議論が煮詰まったときの対処法を心得ておくと討議をスムーズに進めることができます。時間配分の点と、先入観をもたないで全ての発言を容認する点については項をあらためて説明します。

　議論が煮詰まったときの対処法について説明します。討議を進めるときには、「この点についてどう思いますか」と意見を求めようとしても、思うようにメンバーから意見が出ないことがあります。この事態をできるだけ避けるためには、2つの要点を踏まえるとよいと思います。1つ目は、あらかじめ進行役が対象先の課題に関する意見と、課題解決提案の意見を用意しておくことです。2つ目は、Yes、Noで答えることができるように質問することです。この2つを組み合わせると、議論が煮詰まったときには、進行役がメンバーに対して、「私はこのように思いますが、あなたはこの考え方に賛成ですか」「こういう考え方をすると、こういったアイデアを提示することができると思いますが、ほかにも考え方はあると思いますか」との質問をすることができます。前者では、メンバーから、「はい。そうですね」との答え

が出るかもしれません。そうしたら間髪を入れず、「私の考えのどのあたりがおもしろいと思いましたか」とか、「違う観点から、私の考えを補強するとすれば、どのようなことがありますかね」と、アイデアを膨らませるように促すことができます。

　また、メンバーのなかには、尋問調や詰問調で他のメンバーに主張する人が出るかもしれません。このとき進行役は、「たしかに詳細について踏み込んでいくと、あなたの気がかりは問題かもしれませんね。しかしこの場はアイデアを幅広く出し合うことが大切なので、まずはさまざまなアイデアをみんなから聞くことを優先したいです。ですから、あなたも質問ではなく、その気がかりを解決できるような代案を出していただけませんか」とやり過ごすことができます。

　討議の過程でさまざまな意見が出るようになると、「実にくだらないことをいう」「そんなのできるわけない」「そんなことも知らないのか」と、ついつい寛容さに欠ける感情が生じるものです。しかしここでその感情を表に出しては、討議が進まなくなります。そういう感情が沸き起こってきたら、表情をわざとゆるめてニコニコしていたり、「おもしろいことを考える人がいるものだなあ」と素朴に感心したりして、みんなが話しやすい雰囲気を絶えずつくるようにするとよいです。

3　時間配分

- 担当者による概況説明
- メンバー全員での討議
- まとめ

　討議は3つのパートから成り立ちます。①担当者による概況説明、②メンバー全員での討議、③まとめ、です。1つの対象先にかける討議の時間は60

分から90分です。60分のケースでは、概況説明5分、討議45分、まとめ10分が指標です。90分のケースでは、概況説明5分、討議70分、まとめ15分が指標です。

　概況説明では、担当者が考えることを説明してもらいます。取引概況表にすでに書いてあることをなぞるのは好ましくありません。当社の仕事の内容を説明するのであれば、当社のモノやサービスは、なぜユーザーに支持されているのかを説明します。「当行は社長の夢をかなえるパートナーでありたい」と取引先に常々いっている金融機関においては、「では、社長の夢とは何だろうか」を説明します。当行との取引状況を説明するのであれば、この会社との取引採算をどのように改善していきたいのかを説明します。このように、取引概況表に書いていることを、別の切り口から説明するように促します。すでに準備された書類をなぞるだけであれば、途端に討議の水準が下がってしまいます。

　「当行は社長の夢をかなえるパートナーでありたい」と取引先に常々いっている金融機関においては、討議で、対象先の経営課題、社長の夢、社長の夢をかなえるための数値、社長の夢をかなえるための課題解決提案の4つについて話し合います。ここでは、社長の夢という感傷的な言い方をしていますが、これは「当行は中小企業が取引先の多くを占め、また、取引先の多くは社長の経営手腕によることが大きい。当行は、中小企業経営者の夢をかなえていくサポートに徹していきたい」とする金融機関の経営方針を受けています。したがって、社長の夢という代わりに、企業の経営体力を強める、といった言い方をすることも可能です。これは「当行は中堅企業が取引先の多くを占め、また、取引先の多くは組織的に経営をしている。当行は、取引先がグローバリゼーションのなかで競争力を高めていこうとすることを、金融の面から支えていきたい。そのためには、企業の経営体力を強めることを金融の立場からアドバイスしていきたい」とすることを受けています。さまざ

まな言い方が可能ですが、対象先のビジネスの隆盛と当行のビジネスの振興は表裏一体、不即不離、一心同体との考えを基礎に置いているのです。

　まとめでは1つの結論を出すこともあり、出さないこともあります。1つの結論を出さない会議はありえないとする考え方からすれば、結論のないまとめなど、時間の無駄遣いの結果にしか見えないかもしれません。しかしこれは柔軟な発想を続けるための1つの方法です。1つの結論にまとめることは、私たちの常識や既存の枠組みのなかで物事を収めてしまおうとする考えの一端にしかすぎません。結論を出したとしても、それは1つのビジネスのアイデアにしかすぎません。そうであれば話合いのまとめとは、これまで話し合ってきたプロセスを振り返るとする位置づけでも十分なのです。結論を1つに絞らずに、出てきたさまざまなアイデアを順次社長にぶつけていって、評価の高いものを次第にブラッシュアップさせていってもよいのです。

4　4つの原則

- 他人のアイデアを批判しない
- 突拍子もないアイデアを歓迎する
- 質より量を優先して数多くアイデアを出す
- 他人のアイデアに便乗して新しいアイデアをつくりだす

　チームワークを最大限にするためには全ての参加者が積極的に発言する必要があります。全ての参加者が積極的に発言しないとチームワークは活用されません。1人だけが雄弁に語り、その他の人たちは黙っているのは望ましくありません。

　どうすれば参加者全員が積極的に発言するようになるかについて、これさえあれば必ずそうなるというものはありません。しかし、参加者全員が積極的に話さない理由が、恥ずかしいとか引っ込み思案だとか、笑われるのが嫌

だとか、自分の考えなど取るに足りないに決まっているのであれば、それを乗り越える手法があります。それがここでいう4つのルールです。アレックス・F・オズボーンという人が考えた手法です。①他人のアイデアを批判しない、②突拍子もないアイデア、ささいなアイデア、まったく違う立場のアイデアを歓迎する、③質より量を重視してアイデアを多く出す、④他人のアイデアに便乗し、出てきたアイデアを組み合わせて別のアイデアをつくるというものです。

① 他人のアイデアを批判しないとは、日常生活に慣れていることと大きく違っているので、守るのがむずかしいところです。「どうしたらよいでしょうか」とこちらが聞いたところ、「こうしたらどうでしょうか」と答えてくれたものの、「それをするにはお金がかかります。お金がありません。だからそれはできません」などと、他人のアイデアがいかに実現不可能かを探すことのほうがむしろ多い日常ではなおさらです。批判されたり、できない理由を語られたりすると、往々にして会話が途絶しがちです。これをまず取り払うことが第一のルールです。「どうしたらよいでしょうか」とこちらが聞いたところ、「こうしたらどうでしょうか」と答えてくれたならば、「それはおもしろいですね。お金がかかりますが、お金の用立てができれば、とても良い結果が生まれそうです」と返して、さらにアイデアの表出を促していきます。

② 突拍子もないアイデア、ささいなアイデア、まったく違う立場のアイデアを歓迎することは日常生活ではほとんどありません。突拍子もないアイデアは、常識に照らすと不合理です。ささいなアイデアは、問題の解決にあたっては些末であり、本質を抜本的にとらえていません。まったく違う立場のアイデアに至っては、そもそもその立場に立っていないので議論が成り立ちえないのです。しかしチームワークでの討論は、日常感覚や常識や既存の考え方をいったん取り外して考えることを目的としていますの

で、あえて非常識な論法に挑戦してみることが良しとされるのです。
③　質より量を重視してアイデアを多く出すとする考え方は、いかにも思慮の足りない、浅はかで取るに足らない、そしてつまらない思いつきの連続でしかない討議になると思われがちです。熟考を重ねたうえで、一点の曇りもない明晰で明確で明瞭で簡にして要を得た深謀遠慮こそ素晴らしいと考えることをいったん放棄し、とにかくアイデアを思いついたそばから言い続けるとする挑戦をするのです。これは思ったよりむずかしいのです。しかしむずかしいことに挑戦すると、チームワークが実現します。
④　他人のアイデアに便乗し、出てきたアイデアを組み合わせて別のアイデアをつくることは、日常生活では「はしたない」と避けられることの1つです。他人の考えを集めて、それを足して2で割るようなことにすぎないのに、さも自分で考えたかのようにするのは、他人の成功を横取りするようなもので、道徳に反するようにすら思われるかもしれません。しかし、すでにあるアイデアを新しく組み合わせることはイノベーションといわれており、なんら恥ずべきことではありません。むしろ、新しい組合せを発見したところにこそ、オリジナリティがあるのです。

5　提案のデザイン

- 社長の夢、経営理念
- 数字、経営数値
- アイデアを実施すると、5年後、10年後、会社はこうなる

「私たちは、社長の夢をかなえるパートナーでありたい」とするコンセプトを地域金融機関がもっているとしましょう。そのことを取引先に訴えかけ、夢を実現するサポートこそが事業性評価であるとしたときの提案のデザインは図表3－3のとおりです。

図表3-3　社長の夢を実現するサポート

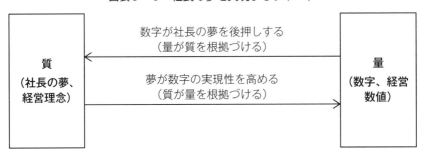

　取引先の成長可能性や持続可能性を高めることは事業性評価の内容の一部です。ところが、「貴社の成長可能性や持続可能性を高める」と取引先にいっても、言葉の抽象性だけが独り歩きし、その内実のところがハッキリしないので、ぼやけた感じがします。

　取引先の成長可能性や持続可能性は、率直なところ、社長のリーダーシップによるところが大きいのであれば、その成長可能性や持続可能性は、リーダーシップが志向している会社の経営理念である可能性が高くなります。会社の経営理念という言葉もさらにハッキリしていないと考えると、社長個人の考え方という意味にスーパーフォーカスして、社長の夢というあえて感傷的な言い方ができます。

　質と量、社長の夢と経営数値とは、取引先の事業性評価を行う際のワンセットの切り口です（図表3-4参照）。社長の夢という抽象的で感傷的な要因は、損益分岐点分析によってシミュレーションされる経営数値（たとえば目標売上高）の達成可能性によって、がぜん、真実味を帯びてきます。逆に、売上高何％アップとする数値目標を最初に掲げていて、それが到達不可能だと思われていたとしても、"ダイレクトマーケティングを活用して新しい販路を開拓していく"といった社長の夢を詳しく検討していくことで、がぜん、その数値の達成は可能に思われるようになるかもしれません。

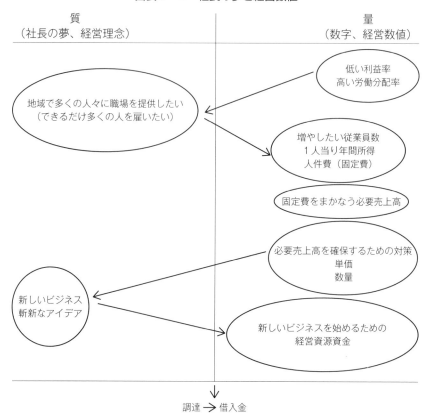

図表3-4　社長の夢と経営数値

　取引先への提案をデザインするときには、質と量、社長の夢と数字、経営理念と経営数値のワンセットで説明することがポイントです。この両面が揃っているほど、取引先からの理解は得られやすくなるでしょう。

　社長の夢というのは、取引先の成長可能性や持続可能性の質の問題を示しています。質の問題は常に量の問題と背中合わせになっています。その夢は、売上高何％アップのことか、市場シェア何％を獲得することか、利益をいくらにすることか、のように、数値で表現することで、よりわかりやすく

なります。数値でわかりやすく取引先の成長可能性や持続可能性を表現することが、量の問題です。

　社長の夢といっても、その内実はハッキリしたものではありません。社長の夢をハッキリさせるに際して、数値で現状を説明することがヒントになることがあります。

　たとえば、ある地場の建設会社は利益率が低く、長期要償還債務償還年数が長すぎることが経営課題であると地域金融機関は認識していたとします。利益率の低い原因は、従業員に対する給与等の支払額が業界平均に対して著しく大きい、言い換えれば労働分配率が業界平均に対して著しく高いことであると考えられていました。この課題を解決するために、利益率を改善して債務償還を早めるためのキャッシュフローを創出すること、そのためには適切な従業員規模を社長に伝えることこそ経営課題の解決提案だと認識しました。そこでこの提案を社長に受け入れてもらおうといったんは考えました。

　しかし、率直に社長の立場になって社長の夢とは何かを検討した結果、売上を伸ばしたり利益を増やしたりすることがその社長の夢ではないかもしれないと気づきました。この社長は、「地域での雇用をできるだけ増やしていきたい。そのために自分ができることは、できるだけ多くの従業員を雇うことだ。会社の利益が出るに越したことはないが、それが第一の目的ではない」と考えている可能性がありました。

　赤字にならなければ良いではないかとする極端な考えの経営者ではありません。しかし、地域金融機関が求めるキャッシュフローの水準に満たないことは、早晩、経営を危機にさらすことになりかねず、傍観することは望ましくありません。

　問題は、どのように社長に理解してもらうかです。

　そこで社長に対して、「従業員を増やすことが社長の夢の1つであるか」とヒアリングしました。果たせるかな、その経営理念をもっていることがわ

かりました。特に、シニア世代の雇用を増やしたいと思っていました。さらに、具体的にあと何人の従業員を増やしたいかとの聞き取りを行い、また、その従業員の力を結集して何を行いたいかを聞きました。そこで社長から得た答えは、いまの仕事をもっととってくることでした。

いまと同じ仕事を増やそうとしても、その需要は大きくありません。そこで地域金融機関が提案することにしたのは、新しいビジネス分野を開拓することでした。

この建設会社の社長の夢は、シニア世代の雇用を増やしていくことです。そこで地域金融機関でグループ討議を行いました。参加したメンバーは、建設会社のイノベーションについて意見を出し合い、他県の成功事例を調べました。そのうち、地場建設会社がサービス付高齢者住宅の事業主になるというビジネス展開がある事例に気づきました。このアイデアをもとに、実際にサービス付高齢者住宅を新設してそのビジネスを黒字基調で運営するためには、どのような規模の集合住宅であればよいのか、会社の保有する遊休土地に建設することができるか、収容人数は何人か、従業員は何人必要か、単価はどうか、費用はどうか、資金調達はどうするか、などの収支計画を算出し、その結果を社長に説明することとしました。その結果、その地域金融機関から新規で借入を勧奨する機会が生じるのではないかとの感触を得るに至りました。

お金を貸すことができたので、事業性評価の目的は達したのでしょうか。この会社はお金を貸している期間だけ残っているわけではありません。5年後や10年後も残っている会社であるほうが望ましいと考えるならば、その姿はどのようなものでしょうか。それをテーマとして、チームワークで次の事業性評価を実践することが、あらためて始まります。

4 グループ討議は金融機関にどのような変化を起こすか

　事業性評価をグループ討議によって実施することで、事業性評価担当者という個人、事業性評価を行う人々の集団、そして地域金融機関の組織という3つのレベルにおいて、変化が生じることがわかってきました。

1　事業性評価担当者という個人レベルでの変化

　はじめに、事業性評価担当者という個人のレベルにおいて生じる変化について説明します。

　地域の中小企業が地域金融機関の主力の顧客であり、地域の中小企業者は社長の強力なリーダーシップに導かれているとするならば、社長が何を考えているかを理解することが必要です。社長が何を考えているかとの言い方は、社長の夢は何かと言い換えることができます。

　取引先の社長は、私たちがもっている常識の枠組みから離れた考え方をしていることがあります。そのため、社長の夢を理解するためには、私たちがもっている常識の枠組みをいったん取り外してみなければならないこともあります。私たちがもっている既存の枠組みをいったん取り払って、社長が現実に生き、働き、体験している現実の状況、事態、いわば社長の生活世界を感じ取るように、私たちの考え方を変化させていくことが必要です。この考え方は社長との間で、ビジネスの考え方に共感を生むことになります。

　こうした変化は、先に述べた地域金融機関の経営者C氏がいっていた、「社長の懐に飛び込む」ことです。事業性評価におけるこのトレーニングを通じて、担当者は社長の懐に飛び込むとはどういうことかを実感します。

2　事業性評価を行う人々の集団レベルにおいて生じる変化

次に、事業性評価を行う人々の集団レベルにおいて生じる変化について説明します。

3人以上で事業性評価案件の討議をすることで、1人ではなかなか考えの及ばなかった課題を新しく発見し、課題の解決策を見つけていくことができます。人々が相互に影響し合うことで、担当者自身も刺激を受け、自分でも気がつかなかった意外な考え方が生じてきます。また、「こんなことをいっては、ものを知らない人だと思われるのではないか」とか、「こんなつまらないことをいうのは気が引ける」といった自己規制をしないで、なんでも発言してよいし、なんでも歓迎されるとの雰囲気にのみ込まれると、討議に参加している人々の間での相互行為がいっそう活発になります。そのため、人の輪が生き生きとしてくる効果があります。

本来の職場とはチームワークで行うものであり、チームワークはスタープレーヤーの強烈な独創性によって牽引されるだけではなく、変化しつつあるメンバーの間での討議によって進めることもできます。

知識やノウハウや体験が人の輪のなかで共有できることは、先に述べた地域金融機関の経営者A氏の発言、つまり、「若い人たちと、そうでない人たちとの間の知識や体験や経験やノウハウの断絶を埋めなければなりません」との問題への回答にもなるようです。

事業性評価における人の輪の相互行為というトレーニングを通じて、人々の間で事業性評価の仕事が共有され、知識やノウハウや体験や経験がにじみ出ていく（スピルオーバーしていく）ようになります。

3　地域金融機関の組織レベルにおいて生じる変化

最後に、地域金融機関の組織レベルにおいて生じる変化について説明しま

す。

　事業性評価にかかわる担当者が既存の考えの枠組みや私たちがもっている常識の枠組みをいったん取り外して考えるようになると、事業性評価を行う人々の集まりである営業店、事業性評価を通じて融資を拡大しようとする推進部、融資案件の決裁を進める審査部は、担当者と同じように、これまでの組織の考え方の枠組みにとらわれていることはできなくなってしまいます。

　現場からは、新しい、しかしこれまでの考え方では容認できないような案件があがってきます。それに対してこれまでは、これこれの理由でこの案件は承認できないとして謝絶することが許されてきました。しかし事業性評価で、「これは可能だ」「これはありうる」という新しい考えが練り上げられてきたならば、それに対して代案を示していかなければ、事業性評価の新しい着眼点をもってしまった人たちを説得することはできなくなってしまいます。

　その到達点においても組織は重大な変化をしなければなりません。

　事業性評価の担当者は、「できない理由は教えていただかないで結構です。できるための条件を教えてください」というでしょう。その到達点は、先に述べた地域金融機関の経営者B氏の発言、つまり、「できない理由を探すのではなく、できるためにはどうしたらいいかを考えるしかないのです」との意味をもつ地点です。

　組織は、「できない理由を探すのではなく、できるための条件を探す」ように変化していきますし、変化していかざるをえないのです。

Human Resource Development

第4章 顧客の経営課題をつかむ

1 顧客の経営課題をモデル化して把握する手法

　事業性評価とは顧客の経営課題を把握し、その経営課題に対する解決提案をすることならば、その経営課題をどのように把握するのかに関心が集まります。

　事業性評価の実務では、SWOT分析がよく行われています。事業性評価シートでもSWOT分析を使っていることが多くあります。

　SWOT分析は、会社のなかにある経営資源（内部要因）がどのような強み（Strength）と弱み（Weakness）をもっているか、会社を取り巻く環境（外部要因）が会社にどのようなビジネスチャンス（Opportunity。機会）や懸念材料（Threat。脅威）をもたらすかを把握するときに使われるものです。

　図表4－1は、ある温泉旅館業者のSWOT分析例です。この例では、金融機関が温泉旅館業者の経営課題を把握するために、施設、人材、資金の3つの項目を抽出し、それぞれについて、内部要因（強み、弱み）と外部要因（機会、脅威）を分析しています。この分析の結果、温泉旅館業者が取り組むべき経営課題として、共同運行バスによる集客と浴槽の改装の2点を取り上げ、その解決のために、金融機関から、共同運行バスについては近隣地域の旅館との提携を提案し、かつ、浴槽の改装については設備資金融資の提案をするといった内容になっています。

　これは伝統的な経営管理の考え方、言い換えれば顧客の経営課題をモデル化して分析することによっています。「B地区ナンバー3」の温泉旅館業者がさらに競争優位を築くために、内部要因（強み、弱み）と外部要因（機会、脅威）の分析をしています。提案がユニークなのは、分析の結果、競争優位をB地区内で築こうとするのではなく、他の地区も含めた全地区のなか

図表4-1　SWOT分析例

事業性評価シート　SWOT			
項目1 施設	強み（内部要因） 肌がスベスベになる泉質		弱み（内部要因） 古い浴槽
	機会（外部要因） 共同運行バスによる集客増		脅威（外部要因） 安価な旅館の出現
項目2 人材	強み（内部要因） おもてなしマインド		弱み（内部要因） スタッフの高齢化
	機会（外部要因） 営業員増員による集客		脅威（外部要因） 人気スタッフの退職
項目3 資金	強み（内部要因） 各金融機関との信頼		弱み（内部要因） 経営説明資料が不足
	機会（外部要因） 設備投資資金を用いた改装		脅威（外部要因） A銀行の年度資金打ち切り
事業の継続性	B地区ナンバー3旅館の営業実績が示す事業基盤		
将来性	リピーター7割、直売客新規開拓で継続的入込みが見込める		
経営課題	共同運行バスによる集客、 浴槽の改装		
解決提案	近隣地域の旅館との連携による共同運行バス提案、 設備資金		

（出所）　あおぞら地域総研株式会社作成

で、近隣旅館とともに一緒に築くことを提案しようとしている点にあります。

　これに対し、別の切り口で分析したほうがさらに踏み込んだ課題の把握ができることがあります。大企業のようなビジネスプラン立案ができない会社のほうがむしろ普通であるのに、大企業の分析に使われるようなSWOT分析はなじまないのではないかとの問題意識に基づいた考え方です。このタイプの分析方法にEO要因の分析があります。

　EO要因の分析とは、持続可能で成長する企業の要因を分析するために、「中小企業組織における企業家的傾向」（Entrepreneurial Orientation、アント

レプレナリアル・オリエンテーション、EO）を調べる考え方です。

　EOとは、中小企業が持続可能で成長可能であるためには、組織のなかに5つの要因が必要だと主張する考え方です。その5つとは、①リスク・テイク（risk-taking）、②イノベーション（innovativeness）、③先取り（proactiveness）、④競争上の攻撃性（competitive aggressiveness）、⑤自律性（autonomy）です。こうした要因が中小企業に認められれば認められるほど、その中小企業は持続可能で成長可能だとされます。

　EO要因の内容を簡単に図表4－2にまとめました。

　たとえば、図表4－3のような分析の例があります。運動靴の下請メーカーが、高齢者の転倒予防に抜群の効果を示す転倒予防靴を製造し、靴メーカーから医療用機器メーカーへ転進しようとする会社の例です。

図表4－2　EO要因

要因	内容
リスク・テイク	将来のリターンが大きいと見込まれる事業に対して危険をコントロールしながら多くの経営資源を投入して、組織運営を営む経営姿勢
イノベーション	これまでにない事業アイデア、創造的な事業プロセス、技術的なリーダーシップを積極的に発揮・導入することを通じて、常に新しい生産方法や販売先を探索する姿勢
先取り	マーケティング戦略や製品開発プロセスにおいて迅速かつ攻撃的な姿勢で競争相手に打ち勝つ体制と行動を保持している状態を志向する姿勢
競争上の攻撃性	ライバル企業を上回ろうとする傾向、市場におけるポジションを変更したり、市場からの脅威を克服するために、ライバル企業に対して攻撃的に行動したりする姿勢
自律性	事業コンセプトやビジョンを実現するために、自分の考えに従って自由に行動する姿勢

（出所）　久保亮一「企業の戦略におけるアントレプレナーシップの要素：Entrepreneurial Orientationを中心に」、京都マネジメントレビュー第8号を一部改変してあおぞら地域総研株式会社作成

図表4－3　EO要因の分析例

事業性評価シート　EO	
要因1 リスク・テイク	現在は運動靴メーカーの下請生産にかかわっている。下請を継続すると元請から仕事が急に打ち切られるリスクがある。このリスクを絶つために、自社オリジナル製品を開発していくとするリスクをとる
要因2 経営革新	C大学医学部のD先生と共同で転倒予防靴を開発し、医療機器メーカーに転進する。全国での知名度アップを図る
要因3 先取り姿勢	介護報酬改定により高齢者の転倒予防自助製品需要が増す
要因4 競争上の攻撃性	転倒予防靴の特許を取得する。安心な高齢者生活用品として販売する。また、締めつけないむくみ対策ブーツの特許を取得する。また、締めつけないむくみ対策ブーツを美容商品として販売する
要因5 自律性	製造設備の維持管理は当社技術者だけで対応でき、意識の高いスタッフの経営参加が継続されている
経営課題	高齢者医療施設へ販路を拡大する 大手美容会社へ提案する
解決提案	僚店取引先の高齢者医療施設に転倒予防プランを提案する 大手美容会社へ集中訪問する

（出所）　あおぞら地域総研株式会社作成

2 社長個人の考え方を理解することこそ経営課題把握であるとする手法

　会社という組織と経営課題の関係を明らかにするのではなく、社長個人の考え方と経営課題の関係を明らかにするほうが深く問題を掘り下げることができるとする考え方があります。事業性評価における経営課題把握の問題を、社長個人の考え方や社長個人の経営方針を深く理解することに置き換えるものです。

　社長は経営方針をもっています。それは最初からできたものではありません。社長の長い間の人生経験から紡ぎ出されてきたものです。それがどのようなプロセスで紡ぎ出されてきたのかを理解することによって経営課題が浮き彫りになるのではないかと考えることです。その理解手法の1つに、「熟考する社長の考え方（エフェクチュエーション、effectuation。熟達）」というものがあります。アメリカの経営学者であるサラス・サラスバシーが開発した考え方です。これからエフェクチュエーションに関して記すことは、基本的にサラスバシーの著作によっています。

(1)　熟考する社長の考え方を知ることはなぜ必要なのか

　マネジメントや経営管理の本によれば、ビジネスを持続可能なものにし、また成長可能なものにするためには、企業という組織を通じて効率的な業務を行うことが重要であるとされます。しかし一方で、中小企業においては、社長の考え方によってその中小企業の持続可能性や成長可能性がおおいに決定づけられることがあることも経験的にわかっています。そこで組織のトップである社長の考え方を注意深く観察することで、企業の持続可能性や成長可能性を推し量ることもできそうです。

　熟考する社長の考え方（エフェクチュエーション、effectuation。熟達）とい

う言葉は、社長が何かのビジネスを行うときに、社長自身と社長の身近にある経営資源をじっくり見渡し、それらでできる範囲のことを、身近にいる人に語りかけ、仲間になってもらいながら試してみて、その結果、何かのビジネスが成功するとの道筋を表しています。

社長が熟考するときのこの考え方は、大きな会社がビジネスプランを作成して成功への道筋を探り当てることとは異なっています。大きな会社がビジネスプランを立てるときには、明確なゴールイメージを立て、顧客層を明確に設定し、顧客層に効果的に訴求するのに必要な経営資源を調達し、経営資源を効率的に活用するための組織やチームづくりをすることがよくあります。伝統的な経営管理の本にはそうしたことが書かれています。

伝統的な経営管理の考え方とは、要するに、「市場」がすでにあるので、そこにたどり着くために予測をし、そのための根拠を探すとするものです。あらかじめ定められたゴールがあり、各種の手段があり、最適な方法を発見することです。最適な方法とは、最も早く、最も安く、最も効率的な方法です。これは戦略思考ともいわれます。将来を予測できるのであれば、将来をコントロールすることができるとする考え方です。

これに対して熟考する社長の考え方とは、将来を予測して成功の根拠を探し、効率的に一本調子で進めるとするものではありません。この考え方は、特定のゴール設定から始まるものではありません。はじめに、手持ちの手段（経営資源）があり、それをどのように活かそうかと社長自身が考えるところから動き始めます。次に社長は身近で交流する友人や親族や仕事で知り合った人たちといったパートナーたちとの間で、長い時間をかけていろいろ考え、想像し、刺激を受け、やっと思いがけずゴールがみえてくるとの進み方をするそうです。

伝統的な経営管理の考え方をたとえていうなら、肥沃な土地があるはずなので、そこにどのように効率的に到達するかとの戦略を系統立てて組み立て

るようなものです。熟考する社長の考え方とは、海図のない海を進むようなものだそうです。顧客層があるのかすらわからず、また、これまでにないまったく新しい商品を売るビジネスを始めるときには、むしろ海図のない海を進むたとえ話のほうがよく当てはまるようです。いうなれば創造的、クリエイティブな考え方です。将来をコントロールすることができるのであれば、将来を予測する必要はないとみます。将来はそこにあって、いずれは見つかるものだろうとは考えません。関係者たちがいろいろなことに取り組んでみてはじめて創り出されるものが将来であるとみられます。

(2) 「私は誰か」「私は何を知っているか」「私は誰を知っているか」

　熟考する社長がビジネスを始めるとき、身近な経営資源を観察するところから始めます。その中身は、「私は誰か」「私は何を知っているか」「私は誰を知っているか」です。

　「私は誰か」とは、社長の資質、趣向、能力を指します。「私は何を知っているか」とは、社長の受けてきた教育、トレーニング、経験、体験を指します。「私は誰を知っているか」とは、付き合いのある仲間たち、友人、親戚、仕事で知り合った人たちを指します。

　熟考する社長は、手持ちの経営資源を見つめ、とても小さいところからスタートします。考えたことにいつでもぴったり寄り添って、あたかも考えたことと一緒に呼吸して生きていくようなことであるとたとえられます。経営計画は、つくられることもあれば、つくられないこともあります。考えたことを毎日繰り返し行い、常にほかの人たちとなんらかのかかわりをもちながら進めます。相互交流を続けるうちに、はじめに考えたことは見直され、もう一度やり直すこともあります。試行錯誤が続きます。

　他の人たちとやりとりしているうちに、他の人たちは社長にとってのパートナー（stakeholder、利害関係者。利害をともにする人）になっていきます。考えたことをパートナーに語りかけ、パートナーとともに具体化しようとす

るうちに、漠然としていたことが、「これなら達成できるゴールになる」とハッキリわかり、ついには、「これこそが望んでいたゴールだったのか」とわかるようになるそうです。荒野で道が開けたようなものだそうです。ここに至る過程で金融機関も社長にとってのパートナーになれる可能性があるといってよいでしょう。事業性評価では社長の話をよく聞くことが勧められます。傾聴する、理解しようとする、共感しようとする、提案しようとするといった姿勢に社長は、「金融機関の役職員もパートナーなんだ」と思うようになるからです。

　利害関係をもつことになるパートナーたちとの幅広いネットワークこそが、模倣しようとする人にとっては最も大きなインパクトのある参入障壁になります。さまざまな人々との交流そのものが経営資源となり、その経営資源がその会社の持続可能性を高め、成長可能性を高めるのです。

(3) たとえばエスニック料理の弁当屋を開業するとき、どのようなプロセスをたどるか

　たとえばエスニック料理（和食・洋食・中華のような代表的な料理でなく、土地の民族趣向が強く現れた料理）を中心とする弁当屋を開業しようと社長が考えるケースを想定しましょう。この話もサラスバシーの著作に基づいています。

　伝統的な経営管理の考え方によれば、売れる弁当屋についてのアイデアを出し、それが実現するかどうかの市場調査を行い、収支計算をし、チームをつくり、事業計画書を書き、エスニック弁当のサンプルをつくり、資金調達をし、店舗を借り、設備を買ってビジネスを開始します。最終的には当初計画に従って第三者や大手弁当屋チェーンに事業売却してお金を儲けるなど、秩序だった構想になるはずです。社会人が学ぶMBAコースの大学院では、実際にこうしたビジネスプランづくりの教育が盛んにされています。

　熟考する社長の考え方は、これとおおいに違います。まず、友だちに頼ん

で、その友だちが働いている会社の職場を訪問して、職場にいる人たちに試しにエスニック弁当を食べてもらいます。良ければ定期購買の約束を取り付けて、お客さまになってもらいます。弁当は家でつくって職場に運び込みます。なんとかお金を貯めて店を借り、エスニック弁当屋を始めます。

　ところが、エスニック弁当屋を創業しようと試行錯誤する間に知り合った人から、「実はあなたのつくった弁当より、あなたのエスニック趣味に興味をもったのよ」とか、「あなたが外国で暮らしていた時の名残が感じられるところがいいのよ」といわれ、その結果、エスニック趣向を活かして、弁当屋ではなく、違うビジネスに進むこともあります。外国語教室、エスニック雑貨店、海外秘境探訪専門の旅行社、エスニックデザインのパッケージ会社、エスニックなインテリア装飾会社などに変わっていくこともあります。

(4)　熟考する社長の仕事の進め方の特徴

　熟考する社長の仕事の進め方には以下のような特徴があります。

①　自分自身とその周りにあるものを見つめる

　市場の事前の定義は行いません。事前に決められた効果や市場を定めても、いまある経営資源で実現できなければ、絵に描いた餅になるからです。その代わりに、熟考する社長の多くは、使用可能な手段（自身と自身の周りにあるもの）を見つめ、すみやかに行動を開始し、他の人々との情報交換をします。

②　いまあるものでできることを実行する

　「何をすべきか」よりも「何が可能か」「何をするか」「しなくてもよいものは何か」の点にフォーカスして行動します。

③　パートナーシップをつくる

　社内外の交流している人々のなかからパートナーを獲得していきます。顧客がパートナーになることもあります。

④　パートナーとビジネスを一緒に行う

パートナーとともにビジネスチャンスを創造していきます。

⑤　経営資源の拡大という循環と新しくできることの拡大という循環

パートナーとビジネスを一緒に行うことで、新しい経営資源が発見され、それが経営資源の幅を広げます（経営資源の拡大）。また、新しくできることが広がり、ビジネスチャンス創造の可能性が広がっていきます（新しくできることの拡大）。これら２つのことが循環していきます。

⑥　市場の創造

これらのことから、市場は創造されていきます。市場とは、新しい顧客層であり、新しい生産や販売の方法であり、労働資源の新しい活用の方法であり、新しい社会的価値の創造のことです。新しく創造された市場は、あらかじめ存在しているものであり、そこに到達することが可能なものではありません。新しく創造された市場とは、熟考する社長がさまざまな関係者とのパートナーとの相互行為の結果としてできあがるものであり、最初はぼんやりとしていたものが、次第にその姿をハッキリとみえるようになってきたも

図表４－４　熟考する社長の仕事の進め方の特徴

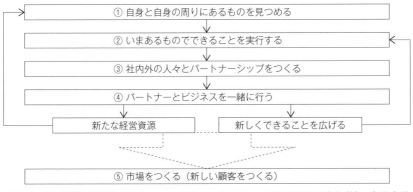

（出所）　高瀬進「大学発ベンチャー起業家の熟達に関する経営学的研究」（神戸大学大学院博士論文）52頁をもとにあおぞら地域総研株式会社作成

のであるといえます。

　社長個人の考え方を深く理解していくと、そもそも事業性評価とは社長が何を考えているのかを知ることに尽きるとさえ思えてきます。そうなると、会社の持続可能性とか成長可能性とは、要するに社長がこの会社をどのように持続可能にしていきたいと思っているのか、また、どのように成長可能にしていきたいと思っているのかに左右されると思うようになります。それはほとんど、「社長は何を考えているのだろうか」「社長は何を望んでいるのだろうか」「社長の夢とはなんだろうか」を知り、理解することといってよいのです。そして、社長の考えを実現するのを阻んでいること、社長の望みの実現を阻んでいるもの、社長の夢の実現を阻んでいるものこそ経営課題だと気づくことになるのです。

3　社長の夢を理解する

1　なぜ社長の夢を理解する必要があるのか

　地域金融機関で事業性評価を推進する本部の部長が営業店の支店長を伴って取引先を訪問し、会社の現状や将来像を社長に語ってもらい、取引先の経営課題を解決し、課題に対する解決提案をしようと思い、この部長は普段しない質問を取引先の社長にしたそうです。

　「社長の夢は、なんですか？」

　地域金融機関の人から普段聞かれるのは、経営状況に関するありきたりな質問ばかりで、「私の夢？」と問われたときには、驚いたようすだったそうです。

　この質問は社長から思わぬ言葉を引き出しました。

　「そういうことを聞く人はこれまで金融機関のなかにはいなかった。実は……」といって、社是、経営理念、顧客との関係、仕入れの状況、販売網の拡大、生産効率の改善、そういったありきたりな話ではなく、それらを包括する考えが伝わってきたそうです。

　「要するに、社員を大事にしたいのだよ。ここ（この市町村）が好きだからね。ここで生きていくには商売しなきゃならないし、それはみんなでやることだから。みんなで商売をやるには、いろいろ考えなくちゃならないだろ。それを具体的にいうと、いろいろあるわけだよ。販路の拡大とか、新製品の開発とか」

　こうした話も、枚挙にいとまがありません。またこうした話は、作り話のようで、現実感に乏しく、内容の空疎なものととらえられがちです。いって

みれば事業性評価シートに書きにくい話です。

　しかしこうした話には、担保価値評価や過去の財務諸表分析では表せない情報が含まれています。企業の持続可能性や成長可能性は、担保や財務諸表以外の部分でこそ評価したほうが良いとする趣旨に沿う情報があります。

　事業性評価では企業の量と質を分析します。量とは担保価値や財務諸表分析の結果そのものです。質とは、経営理念、組織、市場、競争力、その他さまざまなものです。企業の質を表すために、SWOTなどの分析ツールが提案されています。しかし、特に中小企業の事業性評価で重要なことは、社長というひとりの人間がどのようなひとであり、そのひとが会社をどのように引っ張っていきたいのか、地域のなかでどのように生きていきたいのか、地域金融機関ほかさまざまなステークホルダーに何を求めているかといった、ひとりの人間としての価値観を知ることだといってもよいでしょう。

　その価値観を知ることは容易ではありませんが、不可能ではありません。その価値観を知る方法の１つに、情緒的な表現であることをあえてとりながら、「社長の夢」を探り当てていくことがあります。この考えによれば、経営課題とは「社長の夢」の実現を阻むものを言い当てることです。経営課題を把握するために社長の夢を把握する必要があるといえます。

2　社長の夢を理解する着眼点

　ここで、熟考する社長の考え方にしたがって社長の夢を理解するときの着眼点を復習してみます。

(1) 社長自身とはどういう人か、その周りには何があるか

　社長は常に考えています。四六時中、365日、24時間、常に考えているといっても過言ではありません。考えない人は社長とは呼べないのではないかというくらい考えています。考え抜く毎日で、疲れ果ててしまうのではないかと心配になります。常に考えることを「考え抜く」というのであれば、社

長とは考え抜くひとであるといえます。

　社長は自分自身とはどういう人か、自分の周りにはどういうものやことがあるのかを考えています。

　たとえば、夫婦などの二人連れだけを対象にした高単価の温泉旅館ビジネスの会社の社長は、「身近な人との幸せは、どんな時代でもとても大事なことであり、そもそもそうありたいと自分自身が思うから」こそ"ハイエンドお二人様向け温泉旅館ビジネス"を成功させることができたそうです。伝票を切ったり、どこかに指示を出したりしながら考え抜くことはできないそうです。考え抜く時間をまとまってとるそうです。その時間は産みの苦しみの時間だそうです。日常思い浮かぶひらめきを丹念に普段から書き留めておき、それを考え抜く時間に取り出して、「自分は何をしたいのか」を考えるそうです。それが社長の経営そのもののようです。

　社長の周りにあるものとは、ひと、もの、かねという経営資源でもあります。社長の周りにある経営資源は何かを探ることで大方の理解は可能です。さらに深く理解するには、社長が何かにこだわりをもっているかとの観点で傾聴すると、さらに社長の周りにあるものをみることができます。

　ある日本酒の醸造会社の社長は、同業者の評判に特に注意を払っていました。「酒造業界では、良いものをつくっているから一目置かれるのです。常に同業者というプロの人々に、"手を抜かない酒造りだな"といってもらえるように心がけています。手を抜いた瞬間、いちばん敏感にわかるのは同業者です。そこから消費者に広がっていくのです」といいます。自分の周りにあるものとは実は"同業者の評判"であり、それこそが商品の競争優位の根源にあるのだと省察していました。

(2)　すでにあるもので社長は何を実行してきたか

　社長の周りにあるものとは経営資源の一部であるとわかりました。経営資源には、すでにあるものと、これから入手するものがあります。そのうち、

すでにある経営資源の一部を使って何を実行してきたかを理解します。

　ある漬物メーカーの社長はいわゆる二代目経営者で、自分にとっての経営資源は、二代目経営者であることそのものだと喝破していました。そして先代が培った人脈を活かすことは経営にとって有為であると考えました。また、ひとに関しても、シニア職員が多いことと女性職員が多いことこそ、競争優位の源泉であると見抜きました。そうした既存の経営資源を用いて、この漬物メーカーの社長は、シニア職員と若手職員が同じ場所で仕事をする環境を整え、味や製法に関するノウハウをスムーズに伝承できる仕組みをつくり、また、女性職員の味覚嗜好を重視した商品を新しくラインナップさせることに成功しました。

　新しく経営資源を投入してビジネスを拡大させることがむずかしいときに、社長が既存の経営資源をどのように有効活用してきたのかを知ることは有効です。

(3)　どのような人々が社長にとってのパートナーなのか

　社長を取り巻く人々こそビジネスの成否を分けているとすれば、どのような人々と社長はパートナーシップをつくっているのかを知っておく必要があります。社内外でのパートナーシップの関係です。社内では、家族、従業員がパートナーになりますが、そのなかでも特に社長を応援してくれているタイプの人はどういう人かを見極めます。たとえば先の例でいえば、女性社員は新商品開発に結びつきましたし、シニア職員は製法のスムーズな伝承に結びつきました。社外では、顧客、仕入先、アドバイザー、行政機関、同業者、特約店、外注先などがあるでしょう。顧客が社長のパートナーであるとは奇異に思えますが、ハイエンド層の個人客は独特のコミュニティやサークルをもっていて、「口コミ」による伝播が最も消費行動に影響を与えています。ハイエンド向け商品やサービスには個人間のコミュニケーションが欠かせないのです。社長の「思い」に共感する個人客は有望な顧客基盤を代表し

ているともいえます。このほかにも社外の関係者は多くいるでしょうが、パートナーと呼べる人はどのような人なのかについて傾聴してみることは有効です。

(4) パートナーとどのように一緒に仕事をしてきたか

パートナーとの仕事は、どちらか一方が他方に対して一方通行でサポートするかたちでは長続きしません。社長個人とパートナー個人との関係は、必ず双方にメリットがあるようでなければ持続可能ではありません。一見すると一方的に社長が支援されているようにみえていても、社長からパートナーに対してメリットが与えられていることを見抜かなければなりません。販売特約店はメーカーにとってパートナーではありますが、メーカーは独自性の高い商品をつくり、それが特約店の売り場で消費者から厚い支持を受けるから、メーカーと特約店は独自的排他的関係を維持できるのです。それがメーカーにとっての競争優位の源泉になるのです。一見すると一方通行のような支援関係も、社長からパートナーとの仕事ぶりを傾聴していけば、双方にメリットのある、ビジネスが持続可能であることを論証できる材料を入手することができるといえます。

(5) これまで社長はどのような仕事を成し遂げてきたか

社長がパートナーとともに結果的につくりあげてきたものが現在の会社のビジネスの内容になっていることが、熟考する社長のスタイルを使った事業性評価の骨子になります。最初からこれを目指して現在の姿ができあがったものではないとの評価は、今後、環境の変化があっても、社長はこれまでのように柔軟に、その時々の経営資源を有効に活用して乗り切ることができるであろう、したがって、当社は持続可能であろうとの洞察を得ることができます。これは、リーマン・ショックのような危機が再来して売上が4分の1に落ち込んでも、直ちにランクダウンさせないための論証に重要な示唆を与えます。社長の柔軟さや取り巻くパートナーシップの力がこのビジネスを支

えている。こうした一見するとナイーブで感傷的な理屈を実りあるものにするには、社長の夢を詳しく調べなければわからないのです。

4　社長の夢を数字で表す

「当行は社長の夢をかなえるためのサポーターである」と自らを位置づけ、取引先にコミットしていくことを公表したとします。

そのとき、社長の夢をかなえるために必要なことは、社長の夢とは何かを知り、その夢を具体的に数字で表現するとすればどうなるのかを知ることです。夢を具体的な数字として知ることはなぜ重要なのかといえば、社長の夢とは行おうとする仕事の内容であり、仕事の内容を数字で評価することが最も明快だからです。また取引先の社長の夢をかなえると標榜したときに、夢の実現の程度を数字で評価することが最も明快だからです。

社長の夢の内容はもとよりさまざまです。「会社のことをもっと世間で知ってほしい」「この味の良さをもっとたくさんのひとに知ってほしい」「働いている人たちの幸せをもっと大きくしていきたい」「地域にもっと貢献していきたい」といった夢もあるでしょう。

夢というナイーブで感傷的な表現は、どういう状況になったらそれが実現したといえるのか、どういう評価をすればそれが現実になったとわかるのかという問題を抱えています。しかし、たとえば、「会社のことをもっと世間で知ってもらうことを、お客さまが何人増えたかで表す」「この味の良さをもっとたくさんのひとに知ってもらうことを、お客さまが何人増えたかで表す」「働いている人たちの幸せをもっと大きくすることを、従業員1人当りの年間所得額がいくら増えたかで表す」「地域にもっと貢献していることを、従業員数の増加と納税額の増加と地域内からの仕入額の増加で表す」というように、数字で置き換えて表現することは可能です。それならば誰にとっても平等にわかりやすくなります。たとえば従業員をたくさん増やすこ

とが目標で、その結果、従業員をたくさん増やしましたといっても、それが3人なのか10人なのか100人なのかは人によって解釈がまちまちです。しかし、従業員を20人増やすという目標に対して、20人従業員を増やしたという結果が生じれば、目標は達成したと誰もが理解し、人によって解釈がまちまちということはありません。それがわかりやすいという意味です。そのため、数字で表すことができないタイプの社長の夢も、その夢を数字に置き換えたらどうなるかという考え方のプロセスを踏むことが、わかりやすいサポートの第一歩になります。

1　経営シミュレーションを行う

　社長の夢を数字で表すことは、単に数字を並べていくことではありません。社長に対して、「社長の夢をかなえるためには、これこれの条件をこのように組み合わせることが必要です。そうした組合せを実施すると、こういう結果になります」と説明することでもあります。たとえば、「社長が実現したい夢とは、地域の人々が安心して生活できるよう、地域の人々により多くの職を提供することでしたね。それは、10人の人をさらに雇うことでしたね。10人の人に、1人当り年間5百万円の給料を稼いでいただくためには、会社の給与支払額は50百万円になります。また同時に、営業利益もいまと同じ13百万円を確保するためには、売上高をいまの7億円から8億円にする必要があります。営業利益を一定にして、固定費を50百万円引き上げるという条件を組み合わせると、売上を8億円にすれば10人の人を増やすことができ、貴社は地域の人たちにもっと安心を提供できるという経営目標を達成することができます」と説明することになります。

　これは、経営のシミュレーションにほかなりません。シミュレーションとは、さまざまな条件を一定のルールで組み合わせると、将来どのようなことが起きるかを予測することです。経営のシミュレーションは、社長の夢をか

なえるために大切なことです。経営理念を数字に置き換え、その数字がどのような要因、たとえば、売上数量、売上単価、従業員数、仕入金額、減価償却費、支払利息額などによって変化していくのかをつぶさにみることで、社長の夢の姿がハッキリしていくのです。社長に経営のシミュレーションを体感してもらうことは、夢の実現に必要な条件を明らかにし、条件の組合せ方を明らかにし、具体的にどのような経営手法をとれば良いかを明確に認識することにつながります。

2　経営シミュレーションの１つとしての損益分岐点分析

　将来の経営状態を予測することを経営シミュレーションと呼ぶとすれば、具体的にはどのような経営シミュレーションの仕方があるかについて説明します。経営シミュレーションは、さまざまな要因を決め、あるルールにしたがってさまざまな要因を変化させていったとするならば、どのような結果が生じるかを予測することです。さまざまな要因を変化させるときには、一定の条件を前提にしています。経営シミュレーションは、①さまざまな要因、②一定のルール、③要因とルールを操作するときに前提としておく条件というの３つのことがあります。たとえば要因とは従業員数などであり、一定のルールとは１人当り従業員の年間給与は500万円とするなどであり、条件とは従業員数の増加と年間売上額の増加には相関があるものとする、などです。それらの３つのことによって経営の結果が生じてくることともいえます。

　たとえば、利益額と人件費と仕入費用を要因にし、仕入れに関する取引条件を一定にした前提のもとで、希望する利益額を達成するためには売上高はいくらでなければならないかについて経営シミュレーションをすることがあります。

　そして、

利益＝売上高×利益率
あるいは
　　　利益＝売上高－（売上高×変動費率）－固定費
のような方程式で表されるルールがあります。

　こうした要因、ルール、条件を組み合わせると、さまざまなモデル（想定していることを式で表すこと）を考えることができます。

　本書ではそのうち、「損益分岐点分析を使った経営シミュレーション」について説明します。

　損益分岐点分析を使った経営シミュレーションとは、誤解をおそれず大胆にいってしまえば、「希望する利益額を出すためには、費用を踏まえたうえで、いくらの売上高が必要になるか」を計算することです。利益額、費用構造を踏まえたうえで必要な売上高を探求する経営シミュレーションの１つのモデルといえます。

　たとえば、X社の社長の夢が、長く続いてきた家業をこれからも安定して続けるために、子供に事業を引き継げるようにしたいことだとしましょう。子供が事業を引き継ぎたがらない理由が、会社が儲かっていないので、会社勤めで生きていくほうがよいと考えていることだとします。そこで社長の夢を、営業利益額を現在の1,000万円から１億円にする、ととらえるとします。現在の仕入れや従業員を替えないとすれば、いくらの売上高にならなければならないかとの問題を解くことが損益分岐点分析であるといえます。

　このことをグラフでイメージしてみます（図表４－５）。

　中央にある黒い点が損益分岐点と呼ばれるもので、この点の左側の三角形部分が損失の領域を表し、右側の三角形部分が利益の領域を表します。この点は、利益ゼロ、損失ゼロを表します。グラフの左下から右上にかけて45度の勾配で上がる線は、利益と損失の境目を表します。45度の線の下側は利益部分を、上側は損失部分になります。グラフの中央付近にある太い線は、総

図表4－5　損益分岐点

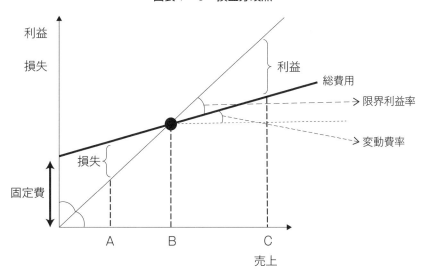

費用を表します。太い線の高さは固定費を表します。太い線の勾配は、変動費率を表します。勾配が大きくなればなるほど、変動費率は高くなることを表します。

　売上がAのとき、Aと細い線の交わるところは損益分岐点の左側にあるので、太い線と細い線の高さの差の分だけ損失が生じます。売上がBのとき、利益も損失もゼロになります。売上がCのとき、Cと細い線の交わるところは損益分岐点の右側にあるので、細い線と太い線の高さの差の分だけ利益が生じます。

このことをX社の例にならって、数字で表してみましょう。

X社の損益計算書は次のとおりです。

```
売上高              150百万円
売上原価             80百万円
売上総利益            70百万円
販売費・一般管理費       60百万円
営業利益             10百万円
```

X社の売上原価は全て仕入代金で、販売費・一般管理費の全ては人件費だとします。仕入代金は、売上が増えればその分だけ増え、減ればその分だけ減るとします。人件費は、売上があってもなくても常に一定金額がかかるとします。売上の変化に応じて変化する費用を変動費と呼びます。売上の変化に関係なく一定であるものを固定費と呼びます。これをもとにすると、次のように損益計算書を書き換えることができます。

```
売上高       150百万円
変動費        80百万円
限界利益       70百万円
固定費        60百万円
営業利益       10百万円
```

限界利益とは、売上高から変動費を差し引いたものです。ということは、限界利益＝売上高−変動費と表すことができます。

ところで、比率として次のことを考えます。

```
限界利益＝売上高−変動費
限界利益率＝限界利益÷売上高
       ＝（売上高−変動費）÷売上高
       ＝（売上高÷売上高）−（変動費÷売上高）
       ＝１−（変動費÷売上高）
```

変動費÷売上高を変動費率と呼ぶとすれば、限界利益率とは１－変動費率のことであると言い換えることができます。

　目標営業利益、固定費、限界利益率が与えられたときに、その目標営業利益を達成するために必要な売上高の計算式を次のとおりに定めます。

```
目標営業利益を達成するために必要な売上高
＝（目標営業利益＋固定費）÷限界利益率
```

X社の例では次のとおりになります。

```
目標営業利益100百万円
限界利益率＝70百万円÷150百万円≒0.467

目標営業利益を達成するために必要な売上高
＝（目標営業利益＋固定費）÷限界利益率
＝（70百万円＋60百万円）÷0.467
＝130百万円÷0.467
≒278百万円
```

　営業利益を10倍にするには売上高も10倍にしなければいけないのではと思いきや、だいたい売上高を２倍にすればよいとの見立てをすることができます。いまの従業員数で２倍の売上にするのは不可能であると考えるのであれば、これは絵に描いた餅です。しかし、ダイレクトマーケティングの手法を併用すれば、いまの従業員数やいまの設備のままでも２倍の売上高にすることができるとするアイデアがもてれば、X社の事業承継はうまくいく可能性がありそうです。

3　要因の確定

　会社が儲かることは利益が増えることであり、利益は売上から費用を差し引いたものだから、会社が儲かるためには、売上を増やすか費用を減らすかすればいいとの論法は間違いではありません。

　これを詳しくみると、売上は単価と数量で構成されており、費用はさまざまな項目から成り立っているので、売上単価と売上数量と費用の各項目をそれぞれコントロールして最大の利益をあげるにはどのような組合せが良いかを考えなければならないことがわかります。そこで細かい項目に立ち入って分析しようとすると、時間ばかりかかって、はたして全体像はどうなってしまうのかと不安になります。

　必要最小限の要因をもとにして、どのようにすれば儲かる会社になるのかを知れば事業性評価で社長と話し合うには十分であると割り切って良いのであれば、損益分岐点分析を用いた経営シミュレーションは短時間でわかりやすい結果を出すことに役立ちます。

　損益分岐点分析を用いて経営シミュレーションを行うことをもう一度確認してみます。

　たとえば、「営業利益を10倍にするにはどうするか」の問題を解くにあたり、前提となる条件を確認します。「売上高を増やすと利益は増える」「費用を抑えると利益は増える」「売上の増減に伴って増減する費用がある。それを変動費と呼ぶ。しかも変動費の売上高に対する割合は一定である」「売上の増減に関係なく一定額かかる費用がある。それを固定費と呼ぶ」との条件が確定していれば、「目標営業利益を達成するために必要な売上高はいくらか」の問題に対して、次の式に従えば答えを出すことができます。これは、ある結果（目標営業利益を達成するための売上高）と、ある要因（目標営業利益額、費用構造）と、因果関係（利益と費用構造と売上の関係）を式にして想定

するもので、この想定をモデルと呼びます。

　損益分岐点分析を用いた経営シミュレーションのモデルは、
目標営業利益を達成するために必要な売上高
$$= (目標営業利益 + 固定費) \div 限界利益率$$
として書くことができます。

　あるいは、
$$目標営業利益を達成するために必要な売上高 = \frac{(目標営業利益 + 固定費)}{\left[1 - \left(\dfrac{変動費}{いまの売上高}\right)\right]}$$

と表すことができます。この式の左辺は結果を表し、右辺は原因と因果関係を表しています。

　この経営シミュレーションに必要なことは、「目標営業利益をいくらにするか」「固定費はいくらと見積もるか」「変動費はいくらと見積もるか」「いまの売上高はいくらか」です。

　このモデルに従って経営シミュレーションをするときには、これらの財務的な要因だけをもとにして考えを進めていくことに留意しなければなりません。このモデルを使って経営シミュレーションをすることは、目標営業利益、固定費、変動費、いまの売上高のことだけに集中して考え、全てのことをこの4点に結びつけて考えてしまうことなのです。それは議論の仕方としてはあまりに乱暴であり、そのほかに考えることがたくさんあるではないかと批判されることがあるかもしれません。しかしこれは仮説です。これをもとに経営シミュレーションをする議論の素材です。このモデルが良くなければ、違うモデルを考えて進めればよいのです。しかしそれでもなお多くの人たちが損益分岐点分析を使うのは、わかりやすくて使い勝手がよいからのようです。

4 確定した要因の条件を変えてモデルを動かす

```
目標営業利益         100百万円

限界利益率＝70百万円÷150百万円≒0.467

目標営業利益を達成するために必要な売上高
＝（目標営業利益＋固定費）÷限界利益率
＝（70百万円＋60百万円）÷0.467
＝130百万円÷0.467
≒278百万円

同じことを別の表現にします。

目標営業利益を達成するために必要な売上高
＝（目標営業利益＋固定費）÷（1－変動費率）
＝（70百万円＋60百万円）÷（1－0.533）
＝130百万円÷0.467
≒278百万円
```

　営業利益を1億円にするためにはいくらの売上高が必要かとの経営シミュレーションのために、要因を、目標営業利益、固定費、変動費、いまの売上高の4つに絞りました。

　まず、278百万円を達成することの意味を検討します。いまの売上高は150百万円ですから、これを278百万円にすることになります。ここで検討すべきは、この要因の条件を、いまのままにしておくと278百万円だが、要因の条件を変化させるとどうなるかです。

　要因の条件をいまのままにしておくことは、いまの経営のあり方にいっさい変更を加えないことです。278百万円という数値が、まったくありえない絵空事にしか感じられないのであれば、それは、いまの経営のあり方では絶対に目標を達成することはできないことを意味します。したがっていまの経

営のあり方を抜本的に改めなければならないとする問題意識が表れてこざるをえないのです。

　そこで、経営のあり方をどのように改めなければいけないのかとの議論を進めるために、要因の条件をあれこれ変えて考えていきます。

　変動費率を考えましょう。変動費率をこのままにしておくことは、これまでの仕入先との関係にいっさい手をつけないとする前提を置いていることです。

　たとえば、変動費率を0.533から0.433に変えるとどうなるかを示します。

目標営業利益　　　　100百万円

目標営業利益を達成するために必要な売上高
＝（目標営業利益＋固定費）÷（1－変動費率）
＝（70百万円＋60百万円）÷（1－0.433）
＝130百万円÷0.567
≒230百万円

　変動費率を10パーセントポイント引き下げると、1億円の営業利益を獲得するためには、278百万円ではなく、230百万円でよいことになります。これだけみれば、そのほうが会社の努力は少なくて済むようにもみえます。はたしてそれだけの問題で済むのかを検討しましょう。

　変動費率を変えることは、仕入先との関係を見直すことを意味しています。数字を変えると結果はどうなるかのみに終始していては、中身の濃い議論になりません。どこか自分とは関係のない話に思えてしまいます。しかし変動費率を、たとえば0.533から0.433に変えるとどうなるかとの操作は、10パーセントポイントの値下げを仕入先に要求することを意味している場合があり、そうした値下げ要求を社長は仕入先に提案する気持ちの準備があるのかとの感情の確認をしなければならないのです。533千円の仕入値を433千円

に値下げしてくれと要求することは、100千円の値下げ要求であり、それを社長は本当にできるのだろうかとの感情を察することが必要です。あるいは、これまで仕入先からの言い値で仕入れてきたものを、複数仕入先からの見積りをとって、競争させるとの仕入方式に変えることを意味しているかもしれません。数値を操作して望ましい結果が出るかどうかを調べることと、それを達成するために社長は何をしなければいけないのか、それは技術面で可能なのか、感情面で可能なのかという踏み込んだ検討が必要なことを忘れてはなりません。

　固定費を考えてみましょう。固定費に手をつけないことは、これまでの労使関係にいっさい変更を加えないことです。かつて労働コストの削減と称して、正規雇用を非正規雇用に転換したり、労働者の数を縮小したり、勤務時間を短縮したりなどの手段がとられることがありました。しかしこうした手法が現在でも必ずしもそのまま適用されているわけではありません。労働法の改訂により、非正規雇用を正規雇用に転換することが推奨されています。したがって事業性評価に際してもこうした労働環境の変化を前提に考えなければ、社長と見解を共有することはできなくなるおそれがあります。労働者の数を縮小することは、機械の導入やロボットの導入によって可能とされていますが、機械やロボットの導入においては、労働者の数の縮小のためではなく、機械化やロボット化によって置き換えられた労働者を、人間でしかできないより付加価値創造力の高い仕事に就くように促すことが求められています。勤務時間の短縮は労働コストの削減というより、ワークライフバランスや働き方改革の一環として把握していかなければ、時代の要請にフィットした事業性評価を行うことはできません。

　労働者との関係を事業性評価のなかに織り込んで考えるときに注意すべきことがあります。労働者に対する待遇や労働条件の改善が必要とされる傾向にあっては、固定費は据置きのままか、むしろ増やすほうが是とされるかも

しれません。こうした背景にもかかわらず、労働コストを意味する固定費を圧縮する前提に立つ事業性評価は、社長との間で誤解を生むかもしれません。

第5章 顧客の経営課題に対して解決提案をする

Human Resource Development

1 解決提案を生み出しやすい環境をつくる

　事業性評価をグループ討議によって行い、その結果として課題解決提案を導き出すことができます。これを一般化していうと、事業性評価という問題はみんなで討議するに値する重要な問題であると認知されなければならず、また、みんなで討議するためには討議しやすい雰囲気でなければならず、課題解決提案の内容には価値があるものでなければなりません。これらは、①討議の対象領域が重要であると認知されていること、②討議できるグループであること、③実践に使える内容であること、であるとまとめることができます。

　はじめに、討議の対象領域が重要であると認知されていることについて説明します。これは、対象領域の問題が、参加者にとっても金融機関という組織にとってもともに重要であると認知されていることを意味します。

　討議の対象領域である事業性評価の問題が参加者個人にとって重要なのは、それが重要な問題であると上司からいわれていることもありますし、取引先との関係がゆきづまっているので、担当者としてアイデアを提供して関係を改善したいこともあるでしょうし、取引先に対して提案して"ありがとう"といってもらいたいと考えていることもあるでしょう。

　事業性評価の問題が組織にとって重要であるのは、それが金融機関の生き残る戦略において根本的な問題であるから、金融監督当局の強い要請があるから、事業性評価を通じた新しいビジネスが新しい収益源になるから、その他いろいろな理由があるでしょう。

　討議がスムーズに進むためには、事業性評価の問題に取り組むことが、金融機関の最重要な問題であるとして経営トップが明言していることが必要で

す。また事業性評価をグループ討議で行うという活動を経営トップが注視していて、その参加者がどのような提案をするのかについて経営トップがモニタリングしているという姿勢を示すことが重要です。

次に、討議できるグループであることについて説明します。参加者は事業性評価の問題に取り組むことが個人としても組織としても重要であると認識しています。そのうえで、解消しておかなければならない態度があります。それは、①"こんなことも知らないのか"といわれたくないから黙っている、②間違ったことをいうと恥ずかしいので黙っている、③他人のミスがあると黙っていられない、④つまらないことをいう人がいると批判したくなる、⑤できない理由を考え、迫力をもってそれを主張する、というものです。

これらの態度を排除すると、①できそうもないことをどうすればできるようになるか考えてみたくなる、②参加者同士で刺激しあう、③他の参加者に提案することは自分の手持ちの案件にも役立つことに気づく、④既存の知識や経験をうまく組み合わせると斬新なアイデアができると気づく、⑤足りないところを調べてみたくなる、という結果をグループにもたらすことができます。

最後に、実践に使える内容であることについて説明します。提案内容は取引先のビジネス改善にたしかに役立ちそうだと他の参加者から共感を得られるものになっていることが大切です。またそのアイデアを実行すると、金融機関のビジネスにも寄与しそうだわかると、なお共感を得られます。さらに、グループ討議の結果を社長に伝え、その結果がどうであったかをあらためてグループ討議の参加者にフィードバックします。そのことによって、"実際にどうであったか。私たちの議論は本当に効果があったのだ"と納得され、事業性評価のグループ討議の活動は、ますます金融機関のなかで定着していきます。

2 ケーススタディ

　これまで述べてきた内容をもとに、どのような雰囲気のもとで、どのような討議が進むと課題解決提案がもたらされるのかについて、2つのケーススタディを通じて明らかにしていきます。

　第一の事例は、梅の加工食品をつくっている会社です。梅の加工食品会社として相当知名度があります。外国産の梅を使って加工する会社があるなかで、当社は国産の梅にこだわり、品質重視をうたっています。また、小ロットの加工にも対応している一方、大ロット生産もできることからコンビニブランド商品としても加工実績があります。一方、梅の加工品のみの単品商売であることと、直接消費者に売るのではなく、コンビニチェーンと酒販卸に売っているので利鞘が大きくありません。また、国産梅は収量が毎年一定していないという弱みもあります。また国産梅は外国産よりも割高なので、価格競争力に難があります

　これからのビジネス展望として、国産食品に対する消費者の関心の高まりがあるので、高くても売行きは良くなりそうだと期待されています。反対に、原料調達が大きく不足すると売上は大幅低下しますし、外国産の梅の加工品はその価格競争力をもっと前面に出してくるのではないかとの懸念もあります。

　第二の事例は、釣り船の会社です。海釣りのお客さまを船で朝に連れ出し、夕方に帰ってくるビジネスです。新造船の入替負担によって債務超過になっており、売上増加が必須であると誰もがわかっていますが、その具体的なアイデアは何かというところで妙案が出ていません。これまでいろいろな経営改善支援提案をしてきましたが、根本的な問題解決に至っていないとい

う点で歯がゆさが残っています。また、具体的な数値で説明するとどうなるのかというポイントも未解決になっていて、数量的な説明が足りていないという懸念も残っていました。

それでは、下記のとおりに討議を再現してみます。

1　梅の加工食品会社（梅野食品株式会社）

進行役

ではいまから梅野支店の梅野食品株式会社についての事業性評価グループ討議を行います。はじめに梅野支店の鈴木さんから、梅野食品株式会社の会社概要について説明してもらいましょう。

梅野支店　鈴木さん

梅野支店の鈴木です。宜しくお願い致します。

　当社は梅の加工食品メーカーで、もともと梅干をつくっていましたが、扱っている梅が硬いので、梅干ではなく、梅のお菓子をつくったら売れるのでないかとのことで、硬い梅を酢漬けにして、まるまるした梅

図表5-1　梅野食品株式会社のSWOT分析

強み　Strength	弱み　Weakness
梅加工食品会社として知名度あり 国内産梅にこだわった品質 小ロット対応が可能 コンビニブランド商品として取上げられている	単品商売 小売ではなくコンビニチェーン卸と酒販卸に売っているので利鞘が大きくない 国内産梅の収量が毎年一定していない 外国産梅加工品よりも割高で、価格競争力に難がある
機会　Opportunity	脅威　Threat
国内産食品への消費者の関心の高まり	原料調達不足が大きいと売上大幅低下 外国産梅の加工品がこれからも増えていく予測

のおつまみをつくっています。噛みごたえがあります。「まるごとウメーよ」というネーミングで売っています。

まるごとウメーよは主にコンビニに売ったり、酒販卸業者に売ったりしています。コンビニは関東の店舗を中心に売っています。酒販卸業者に売っているのは、その販売ルートが各地の繁華街のスナックやバーで、イカの燻製やバターピーナッツのような、いわゆるお酒のおつまみとして売れるからです。

最近、まるごとウメーよの売行きが頭打ちで、売上を増やしたいというのが社長の希望です。

債務者区分は正常先で、当行メイン先です。いまの生産設備でも十分な量の加工ができますので、特に新しい設備投資の需要はありません。既存の貸出金は短期の運転資金です。梅の仕入資金として使ってもらっています。

進行役

社長が考える経営課題というのは、売上を増やしたいとのことだけですか？

梅野支店　鈴木さん

それと、梅は天候によって収穫量が変わるので、安定的に仕入れができないという悩みもあるようです。

進行役

売上が伸びないことと、仕入れが不安定なことが経営課題だということですかね。

武蔵野支店　佐々木さん

食品関係だと、食べ物に対するこだわりがあるという話をよく聞くよね。そのあたりはどうなの？

梅野支店　鈴木さん

社長は、国産の梅にこだわっています。外国産の梅のほうが安いのですが、国産のほうがいいというこだわりがありますね。

本店営業部　原田さん

国産の梅だと仕入量が限られることは、このディスカッションに先立って調べました。なぜ国産の梅の仕入量が限られるかといえば、全国的に梅の栽培農家が少なくなってきたからだということですね。

進行役

経営課題は、売上を増やしたい、仕入れを安定的にしたい、国産梅のこだわりを捨てたくない、この3つを守りながら、儲けていきたいというように整理できますね。

　はじめに、売上を増やしたいことについてアイデアを出し合いましょうか。玉川支店の本田さん、いかがですか？

玉川支店　本田さん

売上を増やすというのは、それこそ、できたらいいですねというレベルの話になってしまうのですが……。

進行役

いままでの常識を取り払って、突拍子もないことをいっていいですというのが趣旨ですから、何をいってもいいのですよ。

玉川支店　本田さん

そうですか、わかりました。

　売上高は単価と数量でできていますから、単価を上げる、販売数量を増やす、この2つを進めることですよね。単価を上げる方法ですが、当店取引先で串カツ屋さんがあって、単価を上げたのですが、どうやって上げたかというと、「使っている素材はこれです。産地はここで、肥育方法はこれで、栽培方法はこれで、だからいい素材で、いままでより

もっとおいしい素材にしました」という口上書き、ストーリーを商品説明につけるようにしました。

進行役

それでどうなりましたか？

玉川支店　本田さん

串カツ屋の社長に聞いたら、一杯飲んで帰る会社員層のウケは変わらないけれど、ファミリー層のウケがよくなったそうです。なんというか、家族で食べるいいものなら、少し高くなっても気にならないとのことでした。それで思い切って、全店禁煙にして、ファミリー層が来られる時間帯を拡充して、一杯飲んで帰る会社員層には悪いけれど、閉店時間を早めて、土日の昼間時間を延ばして、ファミリー層が来やすくしたのです。

武蔵野支店　佐々木さん

まるごとウメーよに何か関係あるのかな？

進行役

あ、そういう批判的なのは、ダメですよ。

武蔵野支店　佐々木さん

すみません。

　いまの話でいえば、客層を変えるとどうなるかを考えればいいのだね。

　まるごとウメーよの客層って、コンビニ経由で買う人は都会の単身者、あるいは、普通の消費者だね。酒の卸の販路先は繁華街の飲み屋さんだから、会社員が多いのかな。バーとかスナックだったら、2次会で一杯、そんな感じだから、ちょっとつまむくらいだね。

　実はこの討議に参加する前、うちの娘に聞いてきたの。まるごとウメーよを食べるかと聞いてきたの。娘はアパレル関係の会社に就職して

３年目で、本社の販促部門にいて、結構、地方のデパートや地域商社に出張することが多いのね。

進行役

それで、どのくらい食べるんですか？

武蔵野支店　佐々木さん

１袋50グラム入りのを、１日、１袋食べる。毎日食べるヘビーユーザーだね。

コンビニが独自ブランド名で出しているものがあるようだね。梅野食品株式会社がつくっていても売るときはコンビニのブランドで出している。

コンビニは最近お菓子のラインナップが結構増えている。そこでこう、小袋で食べきりサイズのまるごとウメーよって、結構いろいろなコンビニが展開していて。まあ、家の近所にA社とかB社とかあるので、娘はそこによく行って、そういう小袋のものを買う。

コンビニで売っているまるごとウメーよは、種が入っていないものなのだ。種抜きして売っている。１個の大きなまるごとウメーよを種だけ除いて、まるまる１個を半分に割ってあって、食べやすいサイズなんだろうね。１袋では、たぶん、５、６個分入っているね。

会社で食べるときは、種が入っていると、種を出したりしなきゃいけないので、デスクで種を出したりとか、ちょっとなんか気まずい感じがするんで、種をとってあるっていうものを選んで買うそうだよ。

梅野支店　鈴木さん

まるごとウメーよは酢漬けになっていますが、結構しょっぱいですよ。しょっぱいものはあんまり食べないほうがいいっていわれますけれど、娘さんは気にしないのですか？

武蔵野支店　佐々木さん

しょっぱいものだからいいんだって。しかもまるごとウメーよはカロリーが低い。

梅野支店　鈴木さん

あんまり太ったりするのはいやだとのことですか？

武蔵野支店　佐々木さん

そりゃ、そうだよ。太るのはいやだそうだ。

本店営業部　原田さん

どうしてしょっぱいものが食べたいんですか？

武蔵野支店　佐々木さん

不思議だよね。結構疲れたときとかに、食べたくなるんだって。女性って結構、疲れたときに甘いものを、チョコレートとか食べたいってなる人が多いって思うんだけど、うちの娘は、たぶん母親の影響かもしれないけれど、割と疲れて一息つきたいときに、しょっぱいものを食べて、口のなかをスッキリさせたいんだって。甘いのよりは梅干とかおせんべいとかにいきやすいようだね。

進行役

どうしてほかの甘いものとかじゃなくて酸っぱいもの、それもまるごとウメーよにするんですかね？

武蔵野支店　佐々木さん

結構歯ごたえがあって、噛んで食べるものだから、割とこう、食感が軽いものを食べるよりは、意外とこう、満腹感が出たりするんだって。何回も噛むほうがいいんだって。満腹感が出てくるから、ほかのいろいろなお菓子を食べたりすることもなくなって、太る心配もなくなるんだって。

梅野支店　鈴木さん

コンビニで売ってるものだから手軽に買うんですか？

武蔵野支店　佐々木さん

コンビニで売っているからっていうよりは、コンビニで売っているサイズが、食べやすいサイズなんだって。食べ切りサイズで、しかもこう、チャックがついているっていうのが、いいらしい。

梅野支店　鈴木さん

チャックがついているのがいいんですか。どうしてチャックがついているのがいいんですか？

武蔵野支店　佐々木さん

チャックがついていないと、もう、一気に、開けたらそこで一気に食べないといけないじゃない。こう、カバンとかにしまっても、こぼれちゃったりするじゃない。チャックがついていると、食べたいときに食べたい分だけ出して食べるっていうことができるので。持ち運びもできるじゃない。だから、小っちゃい袋でチャックがついているものっていうのを割と好んで選んでいるのだそうだ。

進行役

社長に聞かせたいような情報がいっぱい詰まっている話ですね。

梅野支店　鈴木さん

本当ですね。

　顧客層を変えたらどうなるか、ですよね。顧客層を変えた串カツ屋さんの話とつながりました。

　若い女性が新しいターゲットになるかもしれない、っていうことですよね。販売戦略の転換ですね。おやつの時間に、仕事中に、気分転換したいからしょっぱいものがいい。しょっぱいと口のなかがスッキリする。カロリーが低いから太る心配が少ない。満腹感が出るからほかのお

菓子を食べようと思わない。

　顧客層は若い女性にして、"太らないリフレッシュメントおやつ"、"口の中スッキリ、しかも太らない、食べるサプリ"とかいったら、売れそうな気がします。

進行役

2つ目の課題にいきましょうか。仕入れを安定させたいという点について、本店営業部の原田さん、いかがですか？

本店営業部　原田さん

仕入れって、農家から仕入れるんですか？　それとも、商社から？

梅野支店　鈴木さん

農家です。

本店営業部　原田さん

農家のことなら、調べてきたんですよ。梅の栽培農家の数は少なくなってきている。そして、インターネットで対策にはどのようなものがあるかなと調べたら、茨城県の水戸市で、梅の生産高を増やす取組みがヒットしました。

　"水戸の梅産地づくり協議会"というものを組織して、生産団体と加工団体と行政機関が連携して梅の産出高を増やそうとする取組みです。気になったのが、水戸市農業技術センターが、「ジョイント用苗の育苗、栽培指導」をするというところです。それでジョイント栽培というのは何かを、またインターネットで調べました。一言でまとめると、ラクに栽培できる仕組みで、かつ儲けの出やすい栽培の仕組みです。

　梅の実がなったとき、梅は地表から高いところにできるので、脚立などを使って摘み取っていたのです。それで梅農家の高齢化が進んだこともあり、脚立を使って摘み取るのはだんだん危険な作業になってきたようで、また、外国産の梅との競争もあって、国内産の梅の栽培ビジネス

はなり手がなくなってきたとのことでした。地表からそれほど高くないところで梅の実がなって、そして生産コストも低くなれば、国産の梅栽培ビジネスも成り立っていくんじゃないかと思われたようです。

梅のジョイント栽培というのは、梅の樹体のジョイント仕立てというもので、高さ50cmから60cmのところで苗木を水平に広がるようにして、隣同士の梢と木の一部を接ぎ木して、枝をつくっていって、全体の木の高さは2mぐらいまでのところで実がなるようにすることです。この方法だと、苗木の植付けから6年程度で、普通の梅園程度の収量がとれます。低いから、剪定と収穫にかける時間が短くて済むそうです。また、低いから、農薬散布量も30%も少なくて済むそうです。これによって生産コストがだいぶ下がるとのことでした。

進行役

社長に聞かせたいような情報がいっぱい詰まっている話ですね。

梅野支店　鈴木さん

本当ですね。梅農家を増やすにはどうしたらよいでしょうかね？

玉川支店　本田さん

ダイバーが沖縄の海に魅力を感じて沖縄に移住するなんて話を聞いたことがありますね。地方創生の仕組みで移住促進のような提案をしたらどうでしょう。たとえば当行が市役所に働きかけて、梅農家になりたい若者を都会から呼び込んで、お試し農業体験とお試し移住を組み合わせたり、お試し農業体験とお試し二地域居住の政策をつくってもらったりというものはどうでしょう。

進行役

おもしろいですね。

本店営業部　原田さん

そういう取組みは、水戸市役所ですでにやっています。ジョイント仕立

てだとむずかしくありませんよという触込みもついていました。

本店営業部　原田さん

梅といえば、紀州の南高梅というのも有名ですよね。紀州の梅産業はどうやってできてきたのかが気になったので、それも調べたのです。CiNiiで論文検索しようと、「ウメ　加工　産地　和歌山」のキーワードで調べたら、「ウメ加工における原料供給体制と産地形成分化の実態」という論文が出てきました。紀州の梅は果肉が厚くて皮が柔らかいから梅干に適していて、いまの南高梅の品種改良も1950年代からやってきたらしいです。地域の役所と事業者と農協と試験場が一体になって紀州梅のブランド化に努力してきたとのことです。もともと和歌山県はみかんの大産地だったのですが、みかん価格が暴落したのを受けて、1980年頃から梅への大規模な農地転換が図られてきたとのことで、梅の専業農家の所得水準は高いとのことです。

梅野支店　鈴木さん

希望のもてる話ですね。ブランド化は時間がかかる話ですが、社長は興味をもつかもしれませんね。ひょっとしたら、社長が自ら梅農家をやっていきたいというかもしれませんね。自分でやらないにしても、農家に声をかけて、みんなで連携してやっていきましょうというプロジェクトを進めていくという発想になるかもしれませんね。

進行役

梅野食品株式会社は、こうした話をすでに知っているのではないですかね？

梅野支店　鈴木さん

いままでの面談では、こういう話を聞いたことがありませんから、知っているか、知らないか、どうでしょうね。

進行役

最後の論点はどうでしょう。国産梅にこだわっていきたいという部分ですが、いかがでしょう。梅野支店の鈴木さん？

梅野支店　鈴木さん

国産梅にこだわっていきたいというのは、品質を維持していきたい、品質が高ければお客さんに高く買ってもらえることです。

進行役

ほかに何かいいアイデアはありますかね。たとえば、素材が良いから品質が良いというほかに。加工の仕組み自体に品質を保証できるものがあれば、素材は良い、品質も良い、だから高く売れますというところですが……。

梅野支店　鈴木さん

……。

進行役

加工で品質保証するとなると、HACCP（Hazard Analysis Critical Control Point、ハサップ。食品事業者の衛生管理手法の１つ）なんかありますね。
　これから消費者への直接販売を志向していくならば、食品関連の会社は、きっと消費者が食の安心安全に強いこだわりをもっていることに気づくでしょうね。その安心安全こそが他社商品との大きな違いであり、その安心安全へのアピールこそが商品に高い付加価値をもたらすのだと気づくでしょう。食の安心安全を消費者にもっとアピールするために、貴社加工場を、HACCP認定工場にすべく、取り組みましょうと提案することもありえますね。

本店営業部　原田さん

HACCP導入はいま食品業界では必須になってきましたね。HACCP導入で設備投資が必要になるのでは？　そうなると資金需要がでますよ。

梅野支店　鈴木さん

なるほど。加工でも品質保証をするためにHACCPを導入していきましょうという提案ですね。良いと思います。HACCP施設導入にあたって当行借入金を使ってくれると良いですね。

進行役

いままでの議論をまとめるとどうなりますか？

梅野支店　鈴木さん

みなさん、ありがとうございました。

　梅野食品株式会社の事業性評価ですが、会社の経営課題は、売上を増やしたい、仕入れを安定的にしたい、国産梅のこだわりを捨てたくない、この３つを守りながら、儲けていきたいことだったと思います。

　この経営課題に対する解決提案について述べます。１点目の、売上を増やしたいことについては、新しい顧客層として若い女性に受ける売り方のプロモーションを仕掛けたらどうかと提案しようと思いました。２点目の、仕入れを安定的にしたいことについては、既存農家の収量拡大でジョイント仕立てというものがありますから、これを案内するよう社長に提案します。また市役所に対して、地方創生政策で都会からの農業体験ツアーのようなものを語りかけて、社長と一緒に行動してみたいと思いました。３点目の、国産梅のこだわりを捨てたくないという部分ですが、これは品質向上という意味に解釈し直して、HACCP導入のための設備投資の提案をしたいと思います。

進行役

どうもありがとうございました。設備投資資金は当行から導入してくださいといったら"わかりました。お宅から借ります"といってもらえると良いですね。

梅野支店　鈴木さん

これだけの提案をしてみたら、きっと社長は喜ぶと思います。早く社長に会って提案したいです。いままでこんなに考えたことはありませんし、こんなに提案したことはありません。私も融資提案が自信をもってできます。

２　釣船業者（株式会社フィッシング・スポーツ・タマガワ）

進行役

それでは玉川支店の本田さんの取引先である「株式会社フィッシング・スポーツ・タマガワ」の事業性評価についてディスカッションしていきましょう。はじめに玉川支店の本田さんから、取引先についての説明をしてもらいましょう。

ここでお願いですが、事業性評価シートを棒読みするのではなく、４つに分けて整理してお話ししてもらいます。はじめに、この会社の経営

図表５－２　株式会社フィッシング・スポーツ・タマガワの貸借対照表と損益計算書

貸借対照表　　　　　　　　　　　（単位：千円）

流動資産	37,811	流動負債	48,033
現金預金	12,567	買掛金	12,253
売掛金	7,820	短期借入金	31,700
商品	16,429	未払費用	4,080
貯蔵品	995	固定負債	71,455
固定資産	60,942	長期借入金	71,455
船舶	39,285	負債計	119,488
建物構築物	13,662		
土地	7,995	純資産	▲20,735
資産計	98,753	負債・純資産計	98,753

損益計算書　　　　　　　（単位：千円）

売上高	21,821
売上原価	7,141
売上総利益	14,680
販売費・一般管理費	10,980
営業利益	3,700
営業外収益	0
営業外費用	3,189
支払利息	3,189
経常利益	511
特別利益	0
特別損失	0
税引前利益	511
法人税等	380
税引後利益	131

課題は何であったかです。次に、その課題に対してどのような解決提案をしてきたかです。さらに、その解決提案に対してこの会社はどんな課題を投げかけてきたかです。最後に、このディスカッションの参加者からどのようなアイデアがほしいと思っているかです。以上の4点についてお話ししてください。

玉川支店　本田さん

はい、わかりました。

　はじめに、この会社の経営課題は何であったかについて説明します。当社は戦後から遊漁船業、つまり釣り船業を営んでおり、青空湾の漁場に釣り人を連れて行って、そして漁場で釣ってもらって、帰ってくるという仕事です。先代の頃は釣り人口もそれなりに多くあって、常連さんも多くいて、安定した売上を得ていました。朝8時頃出航して午後4時頃帰ってきます。

　先代の頃から釣り客の趣向が変わってきて、釣り船も仕様が変わり、釣り船にも魚群探知機、ソナー、トイレ、エアコン、洗面台、調理設備などが必要になってきました。5年前に代替わりして、これら装置を備えた現船舶に入れ替えました。これが5,000万円ぐらいしたので、全額当行借入金でまかないました。そのとき社名を「海玉」から「フィッシング・スポーツ・タマガワ」に変えました。経営課題とは、旧型船を新型船に入れ替えたあと、売上を増やしていくことでした。

　次に、その課題に対してどのような解決提案をしてきたかについて説明します。売上を増やすために、現社長が船長兼お客さま係として操船から釣り指導、お客さまの手助けをすることまでやって忙しくしても、まだまだ売上が思うように伸びていかないので、それまで魚種にかかわらず1人いくらという乗合料金を設定していたのをやめるようアドバイスしました。魚種ごとに、またエサ付きかどうかで料金設定を変えるよ

うにアドバイスしました。たとえば、フグは8,700円で、エサ別にしました。エサとしてエビ1パックを500円で販売しています。アジは9,800円で、コマセ、エサ付です。ヤリイカは10,500円です。メバルは9,800円で生きエビのエサ付きです。シロギスとカレイとイシモチはそれぞれ8,800円で、それぞれエサ付きです。タチウオとカワハギはそれぞれ9,800円でそれぞれエサ付です。マダコは9,500円でエサ付き、アナゴは7,800円でエサ付きです。

　さらに、その解決提案に対してこの会社はどんな課題を投げかけてきたかについて説明します。細かく単価設定をしてみましたが、大幅に売上が伸びたことにはならず、引き続き、どうやってお客さまを増やそうか、どうやったらお客さまにもっとお金を使っていただけるかについて知恵を貸してほしいとのことをいわれています。

　最後に、このディスカッションの参加者からどのようなアイデアがほしいと思っているかについてお願いをしたいと思います。貸借対照表をご覧いただいたとおり、債務超過が約▲20百万円あり、要注意先で、経営支援していかなければならない先です。これまでの延長線上の営業では将来のことが不安ですから、抜本的な経営改善支援につながるようなお知恵を拝借したいです。

進行役

ここでみなさんとディスカッションしていきますが、今回は段階的に進めていきたいと思います。5段階で整理していきたいと思います。株式会社フィッシング・スポーツ・タマガワは言うなれば社長1人で切り盛りしていて、社長の考えがそのまま会社の成長に結びついていると思います。私たちが株式会社フィッシング・スポーツ・タマガワの事業性評価をするというのは、そのまま、社長個人の世界観というか、価値観というか、考えそのものに寄り添っていかなければ事業性評価はできない

とすらいえそうです。社長1人で考えているというのは大変です。社長のブレーンというか、アドバイザーというか、パートナーというか、よき伴侶というか、とにかく私たちが社長に寄り添って考えていくことが大事なのでは、と思います。社長個人の考えがそのまま会社の事業性評価に結びつくという意味で、当社の経営課題は何か、という言い方ではなく、社長の夢は何か、社長の夢を実現していくのが当行の役割だという、いままでの仕事ぶりとは違うアプローチで考えてみたいと思います。

　5段階をいうと、①社長の夢とはなんだろうか、②社長の夢をかなえるための財務収支の数値はいくらだろうか、③社長の夢をかなえるにはどんな提案をすれば良いだろうか、④その提案はどうして社長に受け入れてもらえるといえるのだろうか、⑤その提案によって当行はどのようなビジネスメリットを得ることができるのだろうか、です。

本店営業部　原田さん

債務超過が約▲20百万円ですが、何か過去に投資で失敗したのですか？

玉川支店　本田さん

そういうわけではなく、新造船に入れ替えてもなかなか売上が思うように伸びなかった一方で、新造船の償却負担が重くて、赤字が積み重なってしまったのです。いまではようやく黒字基調になってきたというところです。

本店営業部　原田さん

債務超過であることを社長はどう思っていますか？　私たちだと気になりますが。

玉川支店　本田さん

このままだと会社の対外的な信用力に問題があるかもしれませんよと私たちが説明しましたが、そんなものかなあ、という反応でした。

進行役

玉川支店さんとしては債務超過を解消してあげたいですか？

玉川支店　本田さん

それはもちろんそうですよ。

進行役

その点は数値の分析のところでディスカッションすることにしましょう。その前に、社長は当社をどうしていきたいと思っているでしょうね？

武蔵野支店　佐々木さん

代替わりして新しいレジャーとしての釣りを広めていきたいというところかな？

梅野支店　鈴木さん

売上を増やしていきたいという一点ではないですか？

本店営業部　原田さん

売上が増えることはお客さまが増えることで、それはフィッシング人口が増えることで、結果的には新しいレジャーとしての釣りを広めていくことになると思います。

進行役

そうすると、本業の利益を追求することは、社会の利益を拡大することにつながるという考え方と同じになりますね。

玉川支店　本田さん

それはどういうことですか？

進行役

ちょっとむずかしい話になりますが、私たちの営利活動は社会の価値を増やすこととなんの関係があるのかという疑問があって、それを解決する1つの答えなのです。CSVとか共有価値の創造と呼ばれる考えです。

Creating Shared Value（クリエーティング・シェアード・バリュー）というものです。もっと話していいですか？

玉川支店　本田さん

お願いします。

進行役

CSV（Creating Shared Value）とは、企業はその営業基盤をなしている社会の課題や経済環境を改善しつつ、企業利益を図るべきだとする考え方です。アメリカの経営学者のマイケル・ポーターらが提唱している考え方です。社会の課題や経済環境の改善こそビジネスチャンスだといって良いかもしれません。日本では"売り手よし、買い手よし、世間よし"という"三方よし"の考え方があり、社会の利益と企業の利益は矛盾しないし両立するというCSVの考え方は日本の経営風土になじみやすいともいわれます。

企業が社会のために役に立つべきだとする考え方はありえないとする考え方もあります。「企業は利益を上げることで、つまり稼いだ利益によって、雇用、賃金、購買、投資、税金を支えることで社会に貢献する。要するに、普通に事業活動を行うことで、十分社会の役に立てるのだ」とか、「企業はほぼ自己完結的な存在であり、そして社会問題や地域社会の問題はその守備範囲の外にある」とする考え方です。これに対してポーターらは、「自社の経済的利益追求と社会的課題解決は両立する。自社の経済的利益追求のビジネスチャンスは、社会的課題解決にある。社会全体の問題は営利企業こそ解決することができる。企業は社会に利益を還元することができる」とするものです。また企業と地域社会の関係については、「企業には、健全な地域社会が必要である。なぜなら、製品への需要を生み出し、重要な公共資産や支援環境を提供してくれるから」という側面と、「地域社会には健全な企業が必要である。な

ぜなら、地域住民に雇用と富を創造するチャンスを提供するから」という2つのことがあるとされます。

玉川支店　本田さん

会社が儲けることは社会の利益になることと両立するし、その2つの関係は欠かせないという考え方は社長の経営理念に合うと思いますが、当社の場合は何に当たるのでしょうか？

進行役

本田さんはどう思いますか？

玉川支店　本田さん

そうですね、釣り人口が増えることが社会の利益になる、というのはなかなかピンときませんが、当社の名前がフィッシング・スポーツ・タマガワであることとあわせて考えると、スポーツを広めていきたいことと、スポーツをするひとが増えれば健康でみんな過ごせることにつながる、ということがいえるのかもしれません。

武蔵野支店　佐々木さん

そういう話を社長としたことあるの？

玉川支店　本田さん

なぜこういう社名に変えたのですかと聞いたときに、釣りをシニアの男のひとのためだけではなく、若い人や女性に広げていきたい、海へ出ていって広いところでノビノビした感じを味わう爽快感をみんなに知ってほしいという話を聞いたことがあります。

梅野支店　鈴木さん

社名にこだわりがあるのですね。

進行役

社長の夢は売上の拡大なのだけれど、それが実は社長の経営理念である、スポーツでの爽快感を味わうひとが増えることにつながる、ことに

一応整理しておきましょう。

　次に、社長の夢をかなえる財務収支の数値についてディスカッションします。

武蔵野支店　佐々木さん

社長の夢は売上を伸ばすことでしょう。それをいくらにするのかをみんなで話しても、意味ないんじゃないの？

進行役

そういう否定的なことは、今日のところはナシでいきますよ。

武蔵野支店　佐々木さん

あ、ごめん。でも売上を２倍にしましょう３倍にしましょうといっても、どういう意味があるのか、ハッキリさせておきたいな。

本店営業部　原田さん

金融機関が当社を支援していきたいと思うか思わないかの現実的な側面として、債務超過をどのようにして解消していくのか、いけるのかを見極める局面があると思います。お客さまにとってはピンとこないかもしれないけれど、債務超過を解消するというのは、この会社が長持ちするための条件であると思います。債務超過を解消することは会社が長生きするためには必要なことであり、社長の夢をかなえるには、何より強い会社が長生きすることが必要であり、たとえば、経営改善計画とか経営強化計画を一緒につくっていきましょうという必要があると思います。

武蔵野支店　佐々木さん

金融機関のために無理やり債務超過を解消させるというわけではないにしても、それで通じさせるには、具体的な数字でどうなるかをいわないとね。

進行役

損益分岐点分析で考えてみますか？　玉川支店の本田さん、どうです

か？

玉川支店　本田さん

債務超過▲20百万円をたとえば10年で解消するには、年間 2 百万円の税引後利益が創出されれば良いとして、このように計算できますね（以下の金額計算単位は百万円）。

```
税引後利益         2
法人税等           1
税引前利益         3
特別損益           0
経常利益           3
支払利息          3.2
営業利益          6.2
変動費            7.1
     変動費率      7.1÷21.8≒0.326
     限界利益率    1－0.326＝0.674
固定費           11
必要営業利益を達成するための売上高
 営業利益＋固定費    6.2+11
 ─────────── ＝ ─────── ≒ 25.5
  限界利益率        0.674
```

売上高が25.5百万円であれば10年で債務超過が解消できます。ということは、いまの売上高が21.8百万円ですから、25.5÷21.8、大体17%くらい売上が増えれば良いことになります。

武蔵野支店　佐々木さん

頑張ればなんとかなるっていうレベルで、一安心だね。

進行役

どうでしょう、みなさん、17%売上を増やすためのアイデアは？

武蔵野支店　佐々木さん

春夏秋冬、季節のお勧めの釣りの企画を出し、既存客のリストを見直して、そのリストに沿ってダイレクトメールを送る。旅館業では誕生月に

なると、お祝い企画がありますからお泊りにいらしてくださいという手紙を出すじゃない？　あれを応用する。

本店営業部　原田さん

いま、釣りエサ代込みの値段ですよね。釣りエサ代は別料金にしてみたらどうでしょうか？

梅野支店　鈴木さん

私は顧客層を変えてみたらいいのではないかと思います。いまの顧客は、ほとんどがシニア男性の固定客ですよね。代替わりするにあたり、船宿の若主人は新しいビジネスに取り組みたいと考えていたように思います。

　このグループ討議に加わる前に、支店で話を聞いてみたのです。30代女性と40代女性の職員に釣りをするかと聞いてみました。2人とも、しないと答えました。さらに、なぜしないのかと聞きました。2人とも、「生エサが気持ち悪い。長時間がかかるのであれば、トイレが心配だ。海は紫外線が強そうで、日焼けするのがいやだ」との回答がありました。

　生エサ、トイレ、日焼けはこの2人にとっていわば三重苦のようです。しかしそれらがなければといって、釣りをすぐ始めるものでもないようです。

　そこで釣りとは、いったいなんなのかを考えてみました。女性にとっての釣りを、テニスやマラソンやサイクリングのようなスポーツとして位置づければどうなるのかと考えてみました。

　2人にとってスポーツは生活の重要な一部です。スポーツは健康と美容と端正な容姿には重要です。それこそ、2人が求めるものです。フィッシングにその条件があるのかです。

　釣りはスポーツであるといえば、そうですよね。ですから釣りは健康

と美容と端正な容姿をつくるための第一関門は通過していると思います。そうなると、第二関門をどうやって通過するのか、になります。生エサがいやならば、ルアーという手があります。長時間の乗船でトイレの心配があるのならば、短時間のツアーで行けばいいし、それを1日何回転かすればいいのではないか。日焼けがいやならば、ファッション性の高いおしゃれなフィッシングウェアを提案して、見た目もカッコいいスタイルで日焼け防止にもなることをいえばいいのではないかと思います。

　結局、若社長に対して、女性客は新しい需要層になりうること、すぐに船宿にきて釣りを楽しむというやり方ではなく、女性の釣りはスポーツとして再構成できること、生エサでなくルアー、トイレの心配が要らない短時間ツアー、色遣いの鮮やかなファッショナブルなデザインの長袖シャツとパンツスタイルを着てスポーツフィッシングを楽しむという乗船ビジネスの提案をすればいいのではないかと思いました。

　その結果売上が必ず増えるかどうかといわれれば、明確な根拠があるわけではないのですが、こういうアプローチもあることをお伝えしたいのです。

武蔵野支店　佐々木さん

おもしろいことを考えるものだね。

進行役

いかがですか玉川支店の本田さん、いまの3つのアイデアを社長にぶつけてみますか？

玉川支店　本田さん

ありがとうございました。早く社長に会って、アイデアを呈示したくなってきました。それぞれ単独ではなく、複合的に進めていったらいいように思いました。既存客を大事にするという意味で手紙による掘り起

こしは十分ありえますね。釣りエサを別料金にするというのも、現にフグはエサ別ですし、他の魚種でも可能だと思いました。女性客にファッショナブルな、おしゃれなスポーツとしてのフィッシングを提案するのも、斬新で良い新規客獲得策のように思います。本船はクルーザー仕立てにもできますから、見た目でもフィットしそうです。

進行役

私たちの提案は、なぜ社長に受けるのですかね？

本店営業部　原田さん

売上増加の具体策だからでしょう。

進行役

それだけでしょうか？　社長の感情に訴えかけるところがあるように思います。

武蔵野支店　佐々木さん

本当はこういうことを一緒に考える人がほしかったんじゃないかな。ほら、社長のブレーンってあるじゃない。いろいろ考えて提案してくる人がほしかったんじゃないかな。その役割を当行が、というか、玉川支店の本田さんが担うことになるから、やっとブレーンができた、経営のパートナーができた。だからうれしい。だから聞き入れるのではないかな。

玉川支店　本田さん

たしかに社長は孤軍奮闘だったから、"私たちは社長の夢をかなえるパートナーです"、そういう言い方をしたら、聞いてくださるかもしれません。

進行役

それでは最後の討議です。結局、私たちはこの提案によってどんなビジネスチャンスを得られるのでしょうか？

本店営業部　原田さん

繰り返しになりますが、やはり経営改善計画を一緒に立てれば、将来キャッシュフローの見立てが確実になり、債権の回収可能性を高めることにつながりますよね。

進行役

債権保全の強化につながるというのは事業性評価の本筋から離れますが、金融機関の経営管理の目からみれば、大切なことですよね。

玉川支店　本田さん

女性客が増えれば女性専用船を新規造船しましょうとなるかもしれません。そのとき、新規借入が発生するかもしれません。

武蔵野支店　佐々木さん

いまの債務者区分では新規融資は無理じゃない？

進行役

できない理由を探すのはやめましょうよ。できるためにはどんな条件が揃っていればいいのか、それを一緒に考えるのがこのディスカッションですから……。

Human Resource Development

第6章 ものづくり企業の事業性評価

1 経営課題把握と経営課題解決提案の現状

　事業性評価は、担保価値や過去の財務諸表の分析結果だけによらず、事業者の成長可能性や持続可能性を吟味して、融資の可否を検討することであるとされます。これはものづくり企業に対する事業性評価では特に当てはまるといえます。

　工場の担保価値を算出しても、それが不稼動になったときには、稼動しているときと比較して大きく減価されることが通常であるとわれわれは経験しました。またリーマン・ショックで売上が4分の1になり、それが3年間続いたものづくり企業の財務諸表をもとにして、これまでの自己査定の仕組みに従って融資を検討することがいかに困難であったかもわれわれは経験してきました。したがって、ものづくり企業の事業性評価こそ、担保価値や過去の財務諸表にとらわれない考えが必要であるとわれわれは理解してきました。

　一方、金融機関職員にとって、ものづくり企業の事業性評価はむずかしいことも事実です。その大きな理由の1つは、当事者としての体験です。サービス業であれば、金融機関職員も消費者やユーザーの立場に立つことができますから、消費者やユーザーの観点から事業者のビジネスの当否を考えることができます。一方、金融機関職員はものづくり企業の製造工程に身を置いたことはほとんどなく、それゆえに工場のどこを改善すればものづくり企業は良くなるかを想定することはむずかしいのです。また真空蒸着技術を活用した中間製品を製造するものづくり企業のユーザーとなってその中間製品の良さを金融機関職員が実感することもまれです。

　このようにものづくり企業の事業性評価はむずかしいという制約のなか

で、私たちはものづくり企業の経営課題把握と経営課題解決提案をどのように行ってきたかの経緯を振り返ってみます。

　第一はものづくり企業の経営課題把握の現状です。経営課題の把握は、技術理解と企業経営理解の２つから成り立っています。金融機関職員が技術理解をするのは不可能だと思い込んでいるひとも多いのですが、ものづくり企業の社長のなかには、工学部出身のひとに限らず、文学部出身のひともいれば、経済学部出身のひともいます。このことを考えれば、金融機関職員は技術を理解できないと言い切れません。金融機関職員の技術理解は、少なくとも、「事業性評価シート」に当社の事業概要や技術概要を書くことに表れます。あるいは審査部への貸出申請書に記述することに表れます。さらに、金融庁や財務局の金融検査への対応や日本銀行考査への対応に表れます。これらを考えれば、同じ職業人である他者の理解が得られる程度まで技術理解ができていれば良い、という割り切りをすることができます。また、企業経営理解については、ものづくり企業だけではなく、不動産業、建設業、卸売業、小売業、飲食業、サービス業などのなじみの深い業種でも検討していることですし、むずかしいのではないかと予断をもつ必要はないといえます。

　第二はものづくり企業に対する経営課題解決提案の現状です。技術理解を経たうえで、技術そのものに対する課題解決提案をすることと、企業経営に関する課題解決提案に分けることができます。技術分野で行われる解決提案は、技術革新のための「ものづくり補助金（ものづくり・商業・サービス経営力向上支援補助金）」をものづくり企業が得られやすくするよう書面の書きぶりについてアドバイスしたり、海外での展示会への参加を促すようJETROを紹介したり、僚店取引先を組織した「工業倶楽部セミナー」や「ビジネスクラブ」を立ち上げ、そこにものづくり企業を参加させるよう促すことなどがあります。企業経営に関する解決提案には、ものづくり企業専用の貸出金商品を設定したり、ベンチャーキャピタル子会社からの資金受入れを勧奨し

たり、ビジネスマッチングに招いてB to BのビジネスモデルをB to Cのビジネスモデルに転換するよう促すなどがみられます。

　こうした活動でポイントになるのは、ものづくり企業に対する金融機関の位置づけです。ものづくり企業＝債務者、金融機関＝債権者という対立図式や、ものづくり企業＝支援対象、金融機関＝支援者という二項対立のような位置づけは、ものづくり企業からまったく評価されません。ものづくり企業が金融機関に求めていることは、ものづくり企業の技術革新や経営革新に、ビジネスの「パートナー」として関係してほしいことです。わからないこと、むずかしいこと、悩んでいることを、ものづくり企業と一緒に考えてほしいことだけなのです。

　私たちがものづくり企業から求められていることは、実はものづくり企業にとってのパートナーであってほしいことなのです。そのために私たちはものづくり企業の事業性評価をどのように行っていくべきかを考えなければなりません。本章では、ものづくり企業の事業性評価は難しいという前提に立ったうえで、ものづくり企業を理解して事業性評価を進めるには、どのようなことに着目していけばよいのかに絞って解説していくことにします。

2　ものづくり企業を理解する

　事業性評価は、取引先の経営課題を把握し、取引先に対して課題解決提案をすることです。その結果、取引先の持続可能性と成長可能性が高まり、取引先の持続的な成長によって金融機関も持続的な成長を確実にすることができるといわれます。

　事業性評価が成り立つためには、私たちは取引先をよく知っており、取引先のビジネスがどのようなものかについても知っていることが前提になります。しかし、取引先そのものや取引先のビジネスを詳しく知っているかと問われれば、必ずしもそうでないこともあります。私たちは金融機関の役職員であって、取引先に勤務しているわけではありませんから、取引先と同じ水準で取引先のことを必ずしも知っていないかもしれないのです。そこで私たちは、取引先を十分に知らない、取引先のビジネスを十分に知らないままに事業性評価をしているという懸念にとらわれることがあります。

　十分に理解しないまま事業性評価をしているのではないかと問われることがあることの典型は、ものづくり企業です。消費者に直接アクセスすることで成り立っている企業、たとえば、消費者に商品を販売したり、消費者にサービスを提供したり、消費者向け製品をつくっている企業であれば、その企業の事業内容を説明することは比較的容易にできます。金融機関職員は、自分自身が消費者として、商品やサービスにかかわる事業をどう理解し、どう考え、どう説明するかを、身近に体験することができるからです。しかし建設用の巨大な重機の1つの継ぎ手部品を製造する企業を理解し、考え、説明することは、金融機関職員にとっては至難の業です。なぜならば、金融機関職員の生活世界の体験から継ぎ手部品はかけ離れているものであり、体験

に直接結びつかない事柄を理解し、考え、説明することは、金融機関職員に限らず、誰にとってもむずかしいからです。

1　ものづくり企業の事業性評価はなぜむずかしいのか

ものづくり企業の事業性評価は難しいとよくいわれます。その理由は3つあります。

第一は、貸出先のなかでものづくり企業は多数を占めていないため、なじみが薄いことです。

日本銀行が発表した統計資料（2018年3月末、貸出先別貸出金）によれば、国内銀行（銀行勘定）にかかわる期末貸出件数約208万件（個人を除く）のうち、製造業にかかわるものは約24万件であり、その割合は約12％にすぎません。また、同じ資料によれば、信用金庫にかかわる期末貸出件数約114万件（個人を除く）のうち、製造業にかかわるものは約15万5,000件であり、その割合は約14％にすぎません。

第二は、ものづくり企業特有の技術を自分自身が消費者や当事者の立場で理解することができにくいことです。私たちは小売業者や宿泊業者や飲食業者のお客さんとなることができるため、小売業者や宿泊業者や飲食業者の仕事内容を直接体験することができ、それゆえにこうした企業の事業性評価は身近なものとして感じることができます。マルチプルタイタンパという機械があります。鉄道の軌道上を自走して、レールと砕石と砂利と枕木を調整する鉄道用の機械です。しかし、私たちはマルチプルタイタンパを買う消費者となる機会はないため、マルチプルタイタンパを製造する鉄道用車両製造業者の事業性評価をすることはむずかしいと感じます。私たちはそもそもマルチプルタイタンパとは何かを知ることは一生ないかもしれません。

第三は、ものづくり企業では分業が進んでおり、分業間の連携がどのように行われているかをつかむことがむずかしいことです。ものづくり企業の多

くは、開発・設計・デザインから始まり、生産を経て、できあがったものを出荷し、納品し、その後アフターフォローするというサイクルを回し続けています。このサイクルが円滑に回っているとしても、私たちはなぜこれが円滑に回っているのかをつかむことがむずかしいと感じます。分業間の連携があったとしても、どのように連携しているのか、連携の仕方のどこに問題があるのかがハッキリわからず、なんとなく生産が滞っているように漠然としかみえないこともあります。あるいは、なんとなく製造コストが同業他社比で高すぎるようにしか思えないけれども、実は工程間分業がうまくいっていないから、そのような問題が生じていたと気づかなかったのかもしれません。

　こうした3つの要因が絡まりあって、やはりものづくり企業の事業性評価はむずかしいと感じてしまうようです。ものづくり企業の経営課題を把握し、当方なりに経営課題に対する解決提案をしてみたいと思っても、ものづくり企業のどこに問題があるのかをハッキリ示すことができず、改善すべきことは何かを腑に落ちて理解することができず、その結果、製造原価率は同業他社比で高いという財務収支の表面的な指摘にとどまってしまい、歯がゆい思いをすることがあります。そしてものづくり企業はやはりむずかしいとなって、ものづくり企業の社長のもとへ通う回数も減っていってしまうかもしれません。あるいは資金を必要としているものづくり企業の相談に充分に乗ることができず、結果的には金融機関のビジネスチャンスを失っているかもしれません。

2　仕事の全体像

　ものづくり企業とは製造業者のことです。製造業に含まれる産業にはさまざまなものがあります。食料、繊維、木材・木製品、パルプ・紙、印刷、化学、石油・石炭、窯業・土石、鉄鋼、非鉄金属、金属製品、はん用・生産

用・業務用機械、電気機械、輸送用機械などです。実はこうした大きな括りで事業性評価シートなどに業種を書き込んではみたものの、それが具体的に何をつくっているのかを知ることができないことも、ものづくり企業の理解をむずかしくしているかもしれません。あんこをつくるためのステンレスでできた煮釜をつくっている会社も、建築現場で使うハンマーのげんこつ部分をつくっている会社も製造業に属します。一括りに「金属製品製造業」とイメージすると、これらの企業の実態がとたんにぼやけてしまいます。事業性評価シートに「金属製品製造業」と書いてあっても、どことなくイメージしにくいことが多くあります。

ものづくり企業は製造業者ですから、何かを製造していることに間違いはありません。しかし千差万別の製品があるので、製造の仕事の全体像を示すことも千差万別になってしまいがちです。それでは理解がいっそう困難になってしまいます。ここでは誤解をおそれず、思い切ってものづくり企業の仕事の全体像を図表6－1のように描いてみることにします。

何かを製造することは、生産要素である素材などの経済財を投入して、より価値の高い材に変換する行為または活動であるといえます。これが「製造」です。製造は、営業、企画、生産、納品、メンテナンスという一連の活動が互いに連携することで可能となります。「営業」とは製造を起動させる活動です。営業には市場調査のほか、仕入先である顧客との契約や管理も伴います。「企画」とは、技術開発、設計、デザインです。素材をより付加価

図表6－1　ものづくり企業における仕事の全体像

値の高いものへ変換し、お客さまの満足度を確保するためにはこの企画活動が特に重要です。「生産」は言い換えれば調達した素材や資材を加工や組立てによって製品にすることです。生産にはサイズやデザインどおりにつくられているかをチェックする検査も含まれます。「納品」は納期内に決められた量の製品をお客さまのところに届けることです。お客さまの作業現場に行き据え付けることもあります。「メンテナンス」とは品質を保証するとともに、保守管理を行うことです。

3　ものづくり企業の連携の仕組み

　ものづくり企業の事業性評価のむずかしさは、ものづくり企業が有している製品や技術の内容理解がむずかしいからだと思われるかもしれません。たしかに製品や技術を理解しなければものづくり企業の事業性評価を正しく行うことはできません。しかし私たち金融機関の職員が製品や技術の内容について、ものづくり企業の専門家と同じ程度にまで深く製品や技術を知るべきだといわれても、簡単なことではありません。

　一方、私たち金融機関の仕事は、ものづくり企業の製品や技術に関してより良いアドバイスをすることではなく、ものづくり企業が抱えている経営課題を把握し、その解決策についてなんらかの提案をすることが仕事であるとしたならば、私たちがものづくり企業に対してできることは、いかにしてものづくり企業がより良い会社になるかについての企業経営の視点からのアドバイスになるといって良いと思います。ものづくり企業の製品や技術の問題は、企業経営の視点からのアドバイスをするために理解すべき分野の一部としてとらえることができます。

　私たちがものづくり企業の事業性評価を行うに際しては、ものづくり企業に特有の仕事の機能の分担状況、あるいは分業の内容とその分業間の連携の仕組みを把握することがいちばん大切な姿勢になるようです。ものづくり企

業は、さまざまな機能が複雑に作用しあって成り立っている会社です。これがものづくり企業の企業経営の特徴です。別の言い方をすれば、ものづくり企業とは、分業が組み合わさって生産物をつくりだしている会社です。そこで最も大切なことは、それぞれの分業の中身はなんであるか、それぞれの分業の間でどのような連携関係が成り立っているのかを知ることです。ものづくり企業の事業性評価とは、ものづくり企業のなかにある個別の機能と、機能間の連携や因果関係といった構造やメカニズムを理解することであるといってもよいでしょう。

　ものづくり企業の利益の源泉は、これらの分業の連携がスムーズに流れていることです。どこかの機能だけが充分に働き、ある部分が不全であると、必ず滞りが生じます。それが在庫のもちすぎになったり、作業員の手待ち時間が長くなりすぎたり、欠陥品が発生しすぎたり、操業度が落ちたりして、結果的に製造原価が高くなりすぎることに結びつきます。財務収支的には製造原価が同業他社比でみると高いことの因果関係を探ると、分業間連携がスムーズに行われていないというメカニズムを発見することができます。あるいは独自製品の開発を目指しているものの、独自製品開発の時間的、人材的余裕がないとか、独自製品が売れる市場が見つからないとかいった問題が生じることがありますが、これも分業間連携の流れのなかに滞りがあることに端を発していることが多いのです。

　したがってものづくり企業のなかにある分業の内容、分業間の連携がどのようにスムーズになされているのかを把握し、そこに企業経営上の問題がどのように表れているか、その企業経営上の問題をどのように取り除けるかについてのアドバイスをすることが、ものづくり企業の事業性評価であるということができます。

　ものづくり企業に対して、はじめから経営課題解決提案をすることが困難なときでも事業性評価活動は続けていかなければなりません。それでもな

お、ものづくり企業の経営課題を把握して経営課題に対してなんらかの解決提案をしたいのであれば、何はともあれ、社長との対話をしていかなければなりません。社長との対話によって経営課題を把握して課題に対する解決提案を行うことは、ものづくり企業であっても、ものづくり企業でなくても同じく求められることです。社長との対話を行うためには、社長に対して投げかけるべき仮説を当方が持ち合わせていることが必要です。ものづくり企業であっても例外ではありません。その仮説を考えることが結局は事業性評価の出発点になるのです。しかしものづくり企業の事業性評価は難しいことから、仮説を考えることすら無理ではないかと思うことすらあるでしょう。そこで、これから述べるような仕方で、ものづくり企業を理解していきましょう。

3 ものづくり企業の事業性評価の着眼点

　金融機関が事業性評価に基づく融資を行うとき、地域特性や顧客の構成などの実情にあわせた金融機関独自の事業性評価シートのフレームワークを使って対象企業を分析し、企業が成長するためのアドバイスやソリューションの提供を行っています。事業性評価シートでは、３Ｃ分析、SWOT分析などの手法を用いて、経営者、事業、企業を取り巻く環境・関係者、内部管理体制などを分析・評価しています。しかし、形式的に事業性評価シートを埋めていくだけではなく、どれだけ深く掘り下げていけるかが重要です。

　そこで、ものづくり企業の事業性評価の着眼点をわかりやすく図表６－２のとおりに整理してみます。第一は「社長の夢」です。第二は「分業間連携」です。第三は「高付加価値化」です。第四は「資金調達」です。以下４

図表６－２　ものづくり企業における事業性評価の着眼点

社長の夢	・人間の豊かな生活の実現 ・利益とおもしろさ
分業間連携	・業務プロセス相互間の連携 ・ハード技術者とソフト技術者との連携 ・職位相互の連携
高付加価値化	・技術特徴 ・QCD ・技術革新
資金調達	・民間金融機関からの借入とその理由 ・産業政策の資金

点それぞれについてみていきます。

1　社長の夢

ものづくり企業とは、天然資源を利用して有形物をつくっている会社です。ものづくり企業とはその意味で製造業者です。天然資源を加工して付加価値をつけ、財を生産しているともいえます。

天然資源を利用していることは、有限なものを利用していることだといえます。有限なものは無駄なく使わなければいけないという感情がものづくり企業には等しく共有されています。したがって、ものづくり企業の経営者に会うと、いかにして無駄を排除しているかという話をよく聞きます。つくりすぎの無駄、工数の無駄、投下する原料使用量の無駄、時間の無駄、廃品産出の無駄、ありとあらゆる無駄を徹底的に排除しようとする姿勢に感銘を受けます。これは、ひとえにものづくり企業の利益率を向上させることに貢献しているだけでなく、それ以上に、有限な天然資源をせっかく活用しているので余すところなく天然資源を有効活用しなければならないという感情の表れとすらいえます。

ものづくり企業とは、有形物をつくることで、人間の豊かな生活を実現しようとする会社でもあります。ものづくり企業の社長に会うと、「ものづくりを通じて社会に貢献したい」という話を、ほぼ例外なく聞くことができます。機械などの製造品のない世界では人間に対する苦役が計り知れないぐらい大きくなるので、それを軽減するためにものづくり企業があるのだという使命感に似た感情があるようです。重いものを運ぶときに背中に背負って運ぶよりも、トラックで運ぶほうが人間にとっての苦役は少なく、人間はその苦役から解放される。それにより、よりよく精神と身体を使うことができ、より豊かな生活を実現することができる。そのために、たとえばトラック製造業というものづくり企業があるのだという話をよく聞きます。

ものづくり企業とは、おもしろいものをつくったり、おもしろいやり方でものをつくったりすることに価値を見いだす会社でもあります。ものづくり企業の社長に会うと、「誰もつくったことのないものをつくってみたい。誰もしたことのない方法でものをつくってみたい。そうすることはおもしろいじゃないか」「他人がやったことのないことをやることで、人生におもしろみが出るじゃないか」、という話をよく聞きます。ものづくり企業が生産物そのものや生産方法におもしろさを感じることで、社会全体ではイノベーションが生み出されています。お金儲けだけが仕事ではなく、仕事の内容自体におもしろさを感じるという感情があるようです。かつてヘンリー・フォードが、「金儲けだけの仕事なんて、つまらない仕事だ（A business that makes nothing but money is a poor business.）」といいました。お金儲けとおもしろさの両方を追求してこそものづくり企業なのだという話は、よく聞くところです。

2　分業間の連携

　分業間の連携とは、ものづくり企業の内部にあるさまざまな機能を連携させることをいいます。分業というと、「営業、企画開発、製造」という仕事の分担を思い浮かべますが、これだけではありません。そのほかにも、「ハードウェア技術とソフトウェア技術」の間でも仕事の分担があります。また、「マネージャーと担当者」「AプロジェクトマネージャーとBプロジェクトマネージャー」「監督者と作業者」の間でも仕事の分担があります。

　はじめに、「営業、企画開発、製造」という仕事の分担の間の連携について述べます。ものづくり企業が持続可能であるのは、ものづくり企業の顧客やエンドユーザーに対して製品を提供し、その製品が顧客やエンドユーザーから必要とされ続けているからです。したがってものづくり企業は、顧客やエンドユーザーにどのようなニーズがあるのか、言い換えれば、どのような

製品が必要とされているのかを常に理解していなければなりません。これは顧客やエンドユーザーの対話窓口である営業の仕事であり、機能です。続いて顧客やエンドユーザーのニーズにあわせてどのように製品を設計し、仕様を変更し、デザインを変えていくのかというという問題を解決しなければなりません。これは企画開発の仕事であり、機能です。そして、いよいよ中核的なところとして、生産物に関していかにして品質を維持し、コストをコントロールし、納期に間に合わせて出荷するという仕事があります。これは製造の仕事であり、機能です。

これらの3つの仕事や機能がそれぞれ孤立した状態でいることは、ものづくり企業にとって非効率をもたらします。大切なことは、分業間でスムーズなコミュニケーションを図ることができる仕組みができているかどうかです。

分業は機能です。機能は必ずしも部門である必要はありません。営業部門、企画開発部門、製造部門という組織立ての面から仕事を考えていくと、部門間の壁が問題になることがあります。ものづくり企業では、こうした壁ができることによる支障を避けるため、分業は機能であり、その機能をスムーズに進めていくにはどうするかという観点からスムーズなコミュニケーションを図っています。たとえば、1人の作業者が企画開発と製造の一部の仕事を兼ねたり、1人の担当者が多様な製造品に共通する資材の調達を集中して行ったりという工夫がされています。それでもなお、分業間の連携を図ろうとしても部門間の軋轢という問題が生じることがあります。分業間連携は社長のリーダーシップがあってはじめてスムーズに進められます。

次に、ものづくり企業における「ハードウェア技術とソフトウェア技術」の間での仕事の分担の連携について説明します。ものづくり企業では機械を操作して生産物を製造しています。機械を操作して製造するためには、機械本体のハードウェア技術者と、機械を操作するためのプログラムを作成する

ソフトウェア技術者という2つのタイプの技術者が必要とされます。技術環境がこの2つでは大きく異なるので、ハードウェア技術者とソフトウェア技術者の間でのコミュニケーション不足が問題になることがあります。機械本体の操作だけでなく、機械の稼動監視やデータ分析まで踏み込んでいく際には、ハードウェア技術者とソフトウェア技術者の連携は必須になります。ハードウェア技術者のなかでも、プログラム実装を経験したことのある人は、ソフトウェア技術の学習に積極的になることもあるようですが、技術環境の違いは大きな壁になることが多いようです。

最後に、「マネージャーと担当者」「AプロジェクトマネージャーとBプロジェクトマネージャー」「監督者と作業者」の間での連携について説明します。いわゆる上司部下の関係や同僚同士の連携です。こうした個人間での連携で配慮すべきことは、感情的な行き違いが仕事の成果に違いをもたらすことです。このことは特にものづくり企業に限った問題ではありません。

3　高付加価値化戦略

ものづくり企業は付加価値の高い製品を製造することで持続可能性を高めています。ものづくり企業の持続可能性は、ものづくり企業と金融機関の間での長期的な関係にとっても必要なことです。ものづくり企業が持続可能であるかを理解するためには、(1)ものづくり企業がどのような技術特徴を有しているか、(2)ものづくり企業のQCD（Quality（品質）、Cost（コスト）、Delivery（納期））にどのような特徴があるか、(3)ものづくり企業の技術革新はどのように進められているかを理解することが必要です。

(1)　技術特徴

ものづくり企業の技術特徴を理解するときには、技術そのものを理解するというよりも、その技術を使ってどのような課題が解決されるのかを理解することに重きを置くべきです。たとえば、真空蒸着技術そのものを説明する

よりも、「当社の技術を活かすと、カーナビゲーションの反射防止膜をつくりだすことができ、カーナビゲーションの表示能力が増し、カーナビゲーションメーカーからの安定的な受注増につながっている」という説明のほうが理解しやすいのです。

また、ものづくり企業は産業政策の動向に大きな影響を受けていますので、産業政策がどのように進んでいるかの現状を理解することも有用です。産業政策はどのようなものづくり企業をバックアップしようとしているのかをみていきます。

ものづくり企業に関する産業政策の方向性は明確です。いまの産業政策では、日本が国際競争力を有すると考えられるのは、「自動車産業」「環境・エネルギー産業」「医療・健康産業」「航空宇宙産業」の４つの産業分野であるとされています。もちろんこれ以外の分野について国際競争力がないといっているわけではありませんが、これら分野に産業政策は特に注目しているといってよいでしょう。

これら産業分野はいわゆる大企業によって成り立っているといわれますが、それら大企業による産業分野を支えているのは、中小企業であると理解されており、上記産業分野を支える中小企業は、「サポーティング・インダストリー」とか「サポイン」と呼ばれています。

上記産業分野を支え、中小企業によって担われている技術のことを、「特定ものづくり基盤技術」と呼び、12分野が指定されています。12分野は、ものづくり企業に対して産業政策が特に支援しようとしているものであり、産業政策のさまざまな支援を受けやすくなっている領域であるともいえます。その12分野は、①デザイン開発、②情報処理、③精密加工、④製造環境、⑤接合・実装、⑥立体造形、⑦表面処理、⑧機械制御、⑨複合・新機能材料、⑩材料製造、⑪バイオ、⑫測定計測です。

次に12分野が何であり、それがどのような発展性をもっていると期待され

ているかについて、「中小企業の特定ものづくり基盤技術の高度化に関する指針（中小企業庁　平成30年3月）」に従ってみていきましょう。

① デザイン開発は、製品の審美性（カッコ良さ、美しさ、ステキな感じ）とともに、操作性、安全性、環境との調和、生活スタイル提案、新しい経験の予感など、製品自体の機能性を補完するものです。また、同じ機能であるならばデザインの良さが製品の売行きを伸ばすことすらあります。デザイン開発の将来性については、ユーザーが求めている価値や経験をとらえることが重要であるといわれています。製品のユーザーは、機能性や経済性だけでその製品を選んでいるのではありません。ユーザーの審美性や嗜好という質的な価値観や経験がどのようなものかがわからなければ売れるかどうかがわからないのです。ものづくり企業の社長は、「いいものをつくれば売れるのではない。いいものがどのようにいいのか、それがユーザーのなんの問題を解決するのか、それがユーザーのどんな感情に訴えかけるのかを理解してはじめて、ものが売れる」という趣旨のことをいいます。それは製品が価値観や経験をうまく表現していることが大事なことを意味しています。

② 情報処理は、ソフトウェアの技術のことです。ソフトウェアは、製品の動作を制御したり、製品をつくる機械の動作を制御したり、できた製品の良し悪しを検査したり、あるいは考えたアイデアを絵にして目にみえるかたちに実現するなどの機能を有しています。また洗濯槽と脱水槽という2つの機構を有していた洗濯機を、洗濯脱水槽という1つの機構に一体化させて、洗濯から脱水、果ては乾燥に至るまでの一体化動作をソフトウェアでコントロールする全自動洗濯機のように、ハードウェアの改善をソフトウェアの改善で代替することができるようにもなっています。

　情報処理の将来性については、IoT（Internet of Things、ものとインターネットをつないでいくこと）を通じていっそうのソフトウェア適用事項が増

えることと、AI（Artificial Intelligence、人工知能）を使ってソフトウェアの内容がいっそう高度化するといわれています。

③　精密加工は、金属、プラスチック、セラミックス、ゴム、木材等の材料に対して、特定の目的に応じた形状に成形加工することをいいます。そのために、旋盤、フライス盤、マシニングセンタといった工作機械を使ったり、金型といった原盤を使って材料に圧力を加えたり、切削工具、電気、光エネルギーなどを用いて素材の一部を除去したりします。精密加工は、ものづくりの根幹となる技術で、ものづくり産業全体の競争力を決定づける重要技術です。特に医療機器、航空宇宙機器、自動車、情報通信機器、ロボット、産業機械、農業機械、造船等での活用が期待されています。

　精密加工の将来性については、新興国の技術水準の向上に伴い、量産段階におけるコスト競争が激化すると予想されます。そのため、IoTやAIを活用して、部品自体のデザインの高度化、高精度複雑形状加工の高度化、軽量化難素材加工の高度化などを通じて、新興国との間での競争力強化が必要とされています。また、精密加工では特に熟練技術者の技やノウハウが決め手とされてきました。今後は、熟練技術者の技やノウハウをデジタル化して技能を伝承することすることも課題になっています。

④　製造環境は、製造や流通等の現場の環境（温度、湿度、圧力、清浄度等）を制御し、調整する技術です。歩留まりの改善、故障率の低減等に寄与する作業環境の監視・制御がなされています。特に、医療機器、医薬品、食品等の分野では、品質向上や安全性確保のために、冷蔵、冷凍、空調機器、真空機器等を用いた温度、湿度、圧力、清浄度等の維持管理がなされています。

　製造環境の将来性については、温度、湿度、圧力等のさまざまな外部環境の状況をセンシング、データ化し、当該データに基づきリアルタイムに設備等を自動制御するなどの高度化が重要とされます。特に、医療機器、

医薬品の研究開発や製造段階における温度管理、空気の清浄化、真空環境を実現する機器の開発や院内感染を防ぐクリーンルームなどでの技術の活用に注目が集まっています。

⑤　接合・実装は、金属、セラミックス、炭素繊維など多様な素材や部品を接合することです。電子部品やデバイスなどの小さなものから、超厚板大型構造物まで、広範囲な製造に幅広く利用されています。

　接合・実装の将来性については、あらゆる状況でも安定的な機能を維持することができる技術や新しい素材を接合させる技術の開発などが重要とされます。特に医療分野では、MRIや内視鏡などをつくるときには、人体に直接触れられることから細菌感染を防ぐ消毒剤等に耐える素材や構造が求められています。また、航空宇宙分野では、放射線を含む宇宙環境などの苛酷な環境での接合部の超寿命・耐久性などが必要です。さらに住宅・建築物の分野では、風雨、日光、塩分などに長期間晒されるため、防錆、耐震などが求められています。

⑥　立体造形は、自由自在に立体的なものを造形する技術です。金属、セラミックス、プラスチック、ガラス、ゴムなどの材料を加工して、必要な強度や性質を維持しながら、複雑な形状のものをつくりだします。材料により、射出成形、押出成形、圧縮成形、プレス成形、積層造形（3Dプリンタ）等の造形方法があります。

　立体造形の将来性については、特に自動車産業で車体の軽量化につながる素材や形状の開発が求められ、デジタル家電製品では、スマートフォン、タブレット、ノートパソコン、デジタルカメラだけではなく、生活シーンにかかわるさまざまな製品がIT製品となるため、その部材の高付加価値化が求められています。

⑦　表面処理は、熱によって液体となった金属、セラミックス等の材料を基板に吹き付けたり、金属を電解液中で電気分解したりすることによって、

材料単独ではありえない機能性を付加するための界面技術、被覆膜形成技術をいいます。

　表面処理の将来性については、特に人工心臓などの医療器具、人工関節やインプラントなどの医療部品などで、人体に影響の少ない物質による被覆膜などの高度化が求められています。産業機械分野では、振動、衝撃、電磁波など過酷な環境で使用されるため、被覆膜の機能を高度化することが求められています。

⑧　機械制御は、力学的な動きを制御する技術です。動力利用の効率化、作業精度や作業速度の向上、振動や騒音の抑制、生産工程の自動化等を達成するために利用されます。

　機械制御の将来性については、各技術要素の高度化だけではなく、要素同士の最適な組合せによりシステムとして統合する技術の高度化などが重要とされます。特にロボット分野では、介護・福祉だけではなく掃除やマッサージなど生活に密着したサービスロボットの開発ニーズがあります。産業ロボットでも、従来の自動化では不可能だった複雑な作業の処理への対応が期待されています。

⑨　複合・新機能材料は、素材を生成するときに、新たな原材料を開発したり、特性の異なる複数の原材料を組み合わせたりすることで、強度、剛性、耐摩耗性、耐食性、軽量等の物理特性や耐熱性、電気特性、化学特性等の特性を向上する技術です。加熱・冷却、窒化等の処理によって耐久性などさまざまな特性をもった金属材料、セラミックスが本来もつ機能を積極的に引き出したファインセラミックス、自然由来のプラスチック、保湿性・熱特性を付した繊維などがあります。

　複合・新機能材料の将来性については、環境対応への要請の高まりを受けて、有害性が指摘されている素材と同等以上の特性をもちつつ、環境負荷がより少ない代替物質の開発に関心が集まっています。特に電池、

LED等の大容量化、高効率化を可能とする素材や加工技術の開発が重要です。家電分野では、高画質、高堅牢化を実現するプリント技術に用いられる染料や顔料などが求められています。

⑩　材料製造は、さまざまな素材の品質向上、環境負荷・エネルギー消費の低減等のために、反応条件の制御、不要物の分解・除去、断熱等による熱効率の向上等を達成する技術です。素材自体の機能の高度化ではなく、素材をつくるときのプロセス技術の高度化により、生産性等の向上を図ることを目的にしています。たとえば自動車分野では、水素・バイオ・電気など新しい燃料への対応や自動車本体のリサイクル性・環境完全性で活用されます。デジタル家電分野では、インク状にした半導体を用いて電子回路を描画して電子部材を製造するプリンテッド・エレクトロニクスや低コスト・高性能な次世代太陽電池などで活用されます。

⑪　バイオは、生物のもつ機能を解明し、高度化することにより、医薬品や医療機器、エネルギー、食品、化学品等の製造を実現する技術です。

　バイオの将来性については、生物を分子レベルで理解する技術が急速な発展を続けており、医薬製造技術の高度化、医薬品の機能性の向上、二酸化炭素排出の少ない原材料としての生物資源の活用など、生産プロセスや品質管理技術等の高度化が期待されています。

⑫　測定計測は、ニーズに応じたデータを取得する技術です。ものづくりにおいて、研究開発、品質管理などを支える基盤技術です。X線、超音波、赤外線、核磁気共鳴等を用いて物体や人体の表面や内部構造を侵襲することなく検査する技術（非破壊検査）、固体、液体、気体、真空中等の物質を測定する技術、医療分野における、X線検査、超音波検査、CT（Computed Tomography）・MRI（Magnetic Resonance Imaging）等を用いた画像検査などで利用されています。

　測定計測の将来性については、たとえば自動車分野では、自動走行の実

現に必要な周辺車両や歩行者の動的情報を迅速かつ正確に把握する技術の高度化とそれらの情報に基づいた判断をする情報処理技術との連携などで活用されます。

(2) QCD

ものづくり企業のQCDとは、Quality（品質）、Cost（コスト）、Delivery（納期）のことをいいます。QとCとDが揃ってはじめてユーザーの信頼を得ることができ、それによって、ものづくり企業は持続可能となるといわれます。

Quality（品質）とは端的にいうと、製品が故障しないこと、製造工程での欠陥品が少ないこと、また、製造工程での欠陥品の出現率に関してバラつきが小さいことをいいます。製品の故障が少ないことはユーザーからみたときの信頼の根本です。ものづくり企業自体の生産システムが複数の製造工程からなっていることを考えれば、製造工程での欠陥品が少ないことは、それぞれの製造工程での生産の信頼性が高いことを意味します。さらに、工業製品は一般的に不良品の発生が一定の確率で生じうることが知られています。そこで、あるときはきわめて少ない不良品の発生頻度だったのに、別のときにはきわめて大きい頻度で不良品が発生するという事態は避けなければならないとされます。不良品が発生するとしても、その頻度が予測可能な程度になっていることが、生産システムに対する信頼の基礎にあるのです。

Cost（コスト）は端的にいうと、製造原価のことです。不良品の発生が少なく、不良品の発生頻度にバラつきが少なければ、検査にかかわるコストが小さくなります。また、生産にかかる労働、資本、設備のそれぞれの投入時間や投入量や投入金額が少ないこと、また、生産資源の投入が次第に小さくなることでもコストは小さくなります。一般に、量産コストが小さくなっていくことを指します。

Delivery（納期）とは納期に間に合うことです。

Quality（品質）、Cost（コスト）、Delivery（納期）に加えて、Function（機能）とDesign（デザイン）がものづくり企業の競争優位の源泉であると説く人もいます。

　Function（機能）とは、製品に関する感覚、製品の扱いやすさをいいます。

　Design（デザイン）とは、製品が「かっこいい」などの外形的な嗜好にあわせることや色の嗜好にあわせることをいいます。

(3)　技術革新

　ものづくり企業は絶えず技術革新を行っています。ものづくり企業の技術革新とは、イノベーションといわれるものです。イノベーションという言葉は、シュムペーターによれば、「新結合の遂行」を指します。わかりやすくいうと、「すでにあるものを新しく組み合わせて、商業的に儲けるようにすること」であるといえます。シュムペーターはイノベーションを5つの領域で具体的に説明しました。第一は、消費者の間にまだもたらされていない新しい商品やサービスを生み出したり、あるいは、同じ商品や同じサービスであってもそこに新しい質が加わったりすることです。第二は、新しい生産方法を生み出すことや新しい商品製品をつくること、また新しい流通の仕組みを形成することです。第三は、未開拓市場へ参入することです。第四は、供給元を新たに得ることです。第五は、市場のポジションにおいて新しい形態を得ることです。たとえばなんらかの方法によってオンリーワンの地位を占めたり、逆に、いままでオンリーワンだったものを打破していったりすることです。

　新しいことを見つけることはイノベーションにとって必要なことではありますが、新しいことを見つければそれでイノベーションができるというものではありません。あるいは、新しい技術を生み出すことだけがイノベーションではないのです。イノベーションに似た言葉に、インベンション（invention）があります。これは発明というものです。発明とは、新製品や新プロセスのアイデアが初めて生じることをいいます。一方、イノベーションとは、そうしたアイデアをはじめて実践しようとする試みのことをいい、実践とはものづくり企業の行動ですから、それが売れて儲かっていくことに結びつくのです。発明にとどまらず、発明されたアイデアがイノベーションとして実を結ぶためには、ものづくり企業は、異なる知識・運用能力・スキル・経営資源等を組み合わせていかなければなりません。生産の知識・スキル、設備、市場についての知識、うまく機能する配送システム、十分で効率的な金融調達といった、ものづくり企業に備わっている分業がうまくつながりあって、滞りなく連携していることが大切です。

　ものづくり企業の中核には常に技術があり、その技術が常に新しくなることでものづくり企業は持続可能性を高めています。また、技術革新は労働者１人当りの生産量や一定の資本ごとの生産量を高めるだけでなく、技術そのものや、ものづくり企業の経営システムそのものに大きな変化を生じさせる点からも重要だといわれます。

　技術革新は簡単に生じるものではありませんし、一直線に生じるものでもありません。ものづくり企業では、研究開発・製品企画、設計、製造、販売、アフターサービスのように製品が生まれてからユーザーのもとに届くまでのプロセスが描かれます。そこで、製造における技術革新は、製品企画、設計のそれぞれの段階で技術革新が進んでいって、その結果として製造部門で技術革新が生じるという一直線の姿を思い浮かべがちです。しかし実際の技術革新の生じ方はこれをとは異なり、たとえばアフターフォローを行っているときに偶然ユーザーから改良のヒントが販売に伝えられ、それが製造に伝わるものの、製造にかかわる人のところではピンとこず、同時に改良のヒントが設計の仕事をしている人に伝わっていたため、設計の人が特有の技術用語にヒントを「翻訳」したところ、製造の人が「ああ、そうか」と気づい

て、技術革新が生まれることがあるようです。分業間で情報が伝播し、分業間で知識が創造され、創造された知識が他の分業にフィードバックされていくことで技術革新が生じやすくなっています。このように技術革新は、ものづくり企業のなかにあるさまざまな役割や機能や部門といわれる分業の仕事の間を情報がスムーズに動き回ることによって成立します。分業間の連携がどのようにうまくいっているかを点検してみることは大切なことです。

技術には生産物にかかわる技術と、生産方法に関する技術という2つの技術があります。前者はプロダクトテクノロジー（Product Technology）であり、新しい生産物を開発し、生産物を改善することをいいます。後者はプロダクションテクノロジー（Production Technology）であり、新しい生産方法を生み出すことをいいます。

技術革新には段々とできあがるものもあり、一方で、急速にできあがるものもあります。前者は漸進的イノベーション（Incremental Innovation）であり、後者は劇的イノベーション（Radical Innovation）です。劇的イノベーションの程度があまりにも大きいと、技術革新ではなく、技術革命（Technological Revolution）と呼ばれることすらあります。ただし、劇的なイノベーションを起こすにあたっては、その前に数多くの改良の積重ねがあったとされていますので、ものづくり企業においてどれだけ数多くの改良が地道に積み上げられているのかも知っておかなければなりません。この後、もしや、爆発的な収益をもたらす技術革命にそのものづくり企業が至るかもしれないからです。

技術革新が進みやすいものづくり企業にはある特徴がみられます。それは技術革新に対するトップの寛容度がとても高いことです。技術革新を起こせば必ず成功するというわけではありません。新製品をつくっても売れない、生産スピードを上げても流通が追いつかずに製品在庫が増える、新市場へ参入しても他社製品の模倣とみなされて値下げの圧力が高まるなどの例は枚挙

にいとまがありません。技術革新を起こしても失敗する可能性も高いのだから、このままでいいではないかとする考え（現状維持）に慣れていくのもやむをえないのかもしれません。しかし、ものづくり企業のなかにはこうした慣れに強烈な違和感をもつ人がいて、その人が技術革新を訴えかけるのです。一方、お金をかけて技術革新を図っても失敗するのかもしれないので、とりあえず、いまは様子見をして、新市場の開発と市場投入はやめておこうとする考えもあるのです。そうした技術革新に対する積極性と消極性の対立は、ものづくり企業で特にみられます。要するに、イノベーションが進まないのは不確実性があるからであり、不確実性を克服する仕組みが見つからないからです。

　不確実性を克服しつつ技術革新を進めるのはトップダウンで行われます。ただし、トップダウンで闇雲に進めてもうまくいかないこともわかっています。なぜならば、ものづくり企業は多様な人たちで成り立っているので、トップの号令があっても、直ちに全てが小気味良いスタートを切れるものではないのです。イノベーションを進めるに際しては、①イノベーションの端緒がどのように切り開かれるのか、②イノベーションを実現する過程がどのようにして進むのか、③イノベーションの壁が破られていくにはどのような仕組みがあるのか、を見極めていくことが大切だと学者は説いています。

　第一のポイントは、イノベーションの端緒がどのように切り開かれるのかです。イノベーションの端緒は、イノベーションを起こすことについて固有の理由をもつ者によって切り開かれるといわれます。その者とは、会社の展開を新製品によって大きく変化させたいとする社長であり、仕事上新しいことをすることが責務になっている開発企画担当の社員であり、販売方法を合理化するアイデアを社長に出して賞与引上げを要望したい社員であり、自分の個人的なアイデアを世に問いたい社員であり、さまざまな人がイノベーションを起こす理由をもっています。それがどのような人で、どのような理

由かについて理解していることは、ものづくり企業の内容を理解するうえで大切なことです。

　第二は、イノベーションを実現する過程です。ものづくり企業のイノベーションは、イノベーションを起こしたいとするものが端緒を切り開きます。それだけでは足りません。ものづくり企業は組織としてイノベーションを起こしますから、社長や社員といったさまざまな人々がさまざまに交流し、連携し、情報交換し、知識を周りに広めていく（スピルオーバーしていく）ことが大切です。そのような当事者間の交流を通じてイノベーションが実現されていきます。何かの新製品をつくり、市場に投入し、大きな儲けを得るイノベーションは、アイデアをもつ人がどんなアイデアなのかを仲間に説明し、社長に説明し、社長からゴーサインをもらって進められていきます。その新製品は必ず売れるとはっきりわかっていませんから、「そんなリスキーなことはやめましょう」という反対意見が出てきます。そのとき社長が「やってみようじゃないか」と会社全体に語りかけ、イノベーションが進んでいくという話がよく語られます。不確実性を克服するときには、社長のリーダーシップと、社員間や分業間での連携がうまく作用することが条件であると説かれます。イノベーションを進めるには、ものづくり企業のなかにある経営資源が動員されます。その経営資源はとても貴重なものばかりです。限りある経営資源を無駄に使ってはいけないと思うがゆえにものづくり企業のなかではさまざまな意見の衝突があり、それを社長のリーダーシップと分業間の連携で乗り越え、結果的に儲けという経済効果が生じるといわれます。

　第三は、イノベーションの壁です。イノベーションの実現過程ではさまざまな当事者間で意見のぶつかり合いが生じます。これが何回も繰り返され、当事者間でイノベーションに関する学習を行うという慣行が生じます。イノベーションに関する組織学習がものづくり企業のなかに認められると、その会社はイノベーションを起こしやすくなると説明されます。次々とイノベー

ションが起き続けることはそれほど多いと思われませんが、少なくともそうした学習が継続されている限りは、ものづくり企業のなかでイノベーションそのものが進化していくといわれます。

(4) プロダクト・イノベーション

イノベーションを現実化する形態は、独自製品の開発などに現れるプロダクト・イノベーションと、生産方法の改善などに現れるプロセス・イノベーションに分けることができます。はじめに、独自製品の開発の例を通して、プロダクト・イノベーションについてみていきます。

独自製品をもつことは多くのものづくり企業が夢として掲げていることです。受託生産の仕事は、結果的に委託元からの条件に縛られるものです。受託先のフリーハンドが利かないため、いつまでたっても受託先は収益力の高い企業になることはできないと諦めがちになるといわれます。なぜ諦めが多いのかといえば、①エンドユーザーのニーズがわかれば独自製品の生産は可能だとわかっているが、エンドユーザーのニーズを探り当てるだけの余裕がない、②自社技術がエンドユーザーのニーズにフィットするかどうかを検証しなければいけないが、それをする余裕がない、③独自製品をつくったところで販路を開拓したり、販路を維持したりしなければならないが、その余裕はない、④独自製品開発に向けた人材や資金や設備の導入が必要であるが、そのニーズはない、といった理由があげられます。

しかし、独自製品をもつことは簡単なことではないとわかっていながら、独自製品の開発に向けて努力を重ねている企業は意外に多いのです。あおぞら地域総研株式会社が2014年に神奈川県相模原市の産業集積に立地する37社について調べたところ、およそ60％のものづくり企業が独自製品開発を含む新事業に現に取り組んでいました。その理由を調べると、多くのものづくり企業は、受託生産だけでは経営リスクが高いため、収益源を拡大させるために独自製品の開発をしている姿が明らかになりました。

ここで、ものづくり企業が独自製品開発に向けて動き出すプロセスについてみましょう。ものづくり企業が独自製品を開発するプロセスをモデル化すると、図表６－３のとおりとなります。

　ものづくり企業が独自製品の開発に向けて動き出すプロセスは、①ものづくり企業の社長が独自製品を開発したいと思うこと（経営者の開発インセンティブ）、②独自製品を開発するニーズがあるとわかること、また、そのニーズの情報源をもっていること（独自製品ニーズの探知、情報源へのアクセス）、③個別技術を実際に開発してみること（個別技術開発）、④開発した技術が、特定の顧客１社だけではなく、他社にも使ってもらえるものかどうか検討すること（汎用可能性）、⑤開発する独自製品が、自社だけではなく他の流通経路を使って売れること（販売）、の５つで成り立っています。

　ものづくり企業の社長が、独自製品を開発したいと思うことがなければこのプロセスは始まりません。社長がこれを思い立つのは、たとえば、「リーマン・ショックで売上が４分の１になって、それこそ廃業まで覚悟したが、従業員や家族の生活を守るために起死回生の一打を狙った」とか、「受託加工だけやっていては安い海外勢の攻勢に負けてしまい、仕事が立ち行かなくなる。いまのうちに新たな収益源を確保しておかなければならない」といっ

図表６－３　独自製品を開発するプロセス

経営者の開発インセンティブ	独自製品ニーズの探知、情報源へのアクセス	個別技術開発	汎用可能性	販売
・切羽詰った事情 ・時間の余裕、経営資源の捻出	・顧客からの漠然とした要求 ・経営者コミュニティでの交流 ・産学官連携での実践	・顧客ニーズの明瞭化（見える化） ・製品イメージを顧客と共有すること ・他社連携、産学官連携の可能性 ・社長主導で進めること	・他の顧客でも使えるかを検討	・専門商社 ・他の顧客への横展開 ・大手系列企業への横展開

た切羽詰った感情によっていることが多くあります。時間の余裕があれば進めやすくなる一方、時間の余裕がなくても時間を捻出して進める意思も必要です。また、既存のビジネスに加えて新しくビジネスを構想するに必要な人材、資金、設備も捻出していきます。

　次に、独自製品を製造開発するニーズはあるのか、どのようなニーズがあるのかを探し出し、あるいはそうしたニーズを探し出すための情報源にアクセスすることが必要です。ものづくり企業の社長によれば、独自製品のニーズは、「顧客からの漠然とした問いかけ」「こんな感じのものがあると助かるんだけど、できるかな」という、漠然とした要求のなかにこそあるとされます。また、ものづくり企業の社長はロータリークラブや同業者団体や商工団体などの会員であり、そうした経営者コミュニティで他社の社長と頻繁に意見交換をしています。そうした交流のなかでも機会を発見することもあります。さらに、昨今では産学官連携によるものづくり実践が盛んであり、大学の先生や役所の職員からヒントを得ることもあります。

　個別技術を実際に開発する局面では、ものづくり企業の社長は率先して、「顧客ニーズを見える化する」「製品イメージを顧客と共有する」「他社と連携したり、産学官連携したりする」「大事なことは社長主導で進める」ことが行われています。顧客のニーズを探知する段階では、顧客の要求はあまりにも漠然としています。それを乗り越えるべく、「見える化」、つまり顧客のニーズを明瞭化することが行われます。たとえば、顧客のいっていることをポンチ絵にしてみる、目でみてわかるようにすることがあります。言葉でいうより簡単明瞭です。これは同時に、製品イメージを顧客と共有することにつながります。それでいけそうだとなると、はたして社内の経営資源だけで対応できるのかを検討し、時には他社と製造の一部を連携してみたり、技術的に困難なところを産学官連携の枠組みを使って研究してみたりすることになります。これらの局面で共通していることは、社長主導で進められている

ことです。社長が主導しないと、成功するか失敗するかわからない独自製品開発は成り立ちません。

　また、特定の顧客からの漠然とした問いかけがあり、その顧客と製品イメージを共有できたとしても、さらにその独自製品が他の顧客にも使ってもらえるかを検討します。製品の汎用可能性が高ければ、他の顧客でも使えるわけであり、それは成功のための条件でもあります。逆に、特定の顧客にだけしか使えないようにみえても、仕様を一部変更することで、他の顧客にも使える余地が出てくるようです。

　最後に、具体的にどのように販売していくかを検討します。ものづくり企業が自分でエンドユーザーに販売することができればいいのですが、そうでなければ、専門商社への卸売、顧客と同じようなタイプのビジネスをしている類似顧客への販売を試みるほか、大手企業の系列企業へ売り込むことが行われます。系列企業はおしなべて同様の製品を用いるようであり、また、「系列企業でもすでに使ってもらっています」という文句は切り札になるようです。

　いろいろな理由をつけて独自製品の開発をためらうものづくり企業がある一方で、できるための条件を揃えようと努力して独自製品の開発にチャレンジしているものづくり企業も多いといえます。

　ものづくり企業の事業性を評価している途上で、ものづくり企業が収益源の多様化や受託ビジネスのリスク回避を望んでいることがわかると、それが経営課題だと私たちはようやく理解することができます。そして、このものづくり企業になんとか経営課題の解決提案をしてみたいと私たちは思い始めます。そのとき、図表6-3に従って社長の意見を聞き取ることができます。

　はじめは、「社長の独自製品開発に対する熱意をようやく理解しました。私たちも社長の夢を実現するように支援していきたいです。そこでお聞かせ

ください」というところから始めます。次に、「どのお客さまからどんな問いかけがあったのですか」と聞いてみます。また、「漠然とした要求を見える化すると、どのようになりますか」と聞いてみます。さらに、「それはそのお客さま以外にも、売れるものですよね。どんなお客さまにも売れそうですか」と聞いてみます。最後に、「どの会社に売っていきますか？ または、どんなお客さまに製品案内をしていきますか。私たちの僚店取引先にも案内できるのであれば、ご案内します」と問いかけます。これらの質問に対する回答はそのまま事業性評価シートにイキイキと書き込める内容になるはずです。取引先からは、「話をよく聞いてくれる。ビジネスのパートナーのように接してくれる」と私たちは思ってもらえるはずです。

(5) プロセス・イノベーション

次に、製造プロセスの改革を通じてプロセス・イノベーションについてみていきます。

プロセス・イノベーションが生じてきた背景を知ることは有用です。そこで、ものづくり企業が少品種大量生産から多品種少量生産にシフトし、その結果、プロセス・イノベーションが生じさせてきた生産様式の変化について説明します。

ものづくり企業は大量生産を旨としているという理解がありますが、必ずしもそうではありません。単一の製品を大量に生産しているようにみえても、ものづくり企業の実態をみていくと、実は多品種小ロット生産を繰り返し行っているという姿がみえてきます。これは時代の変化にあわせてものづくり企業が変化してきたことを表しています。

たしかに日本でも高度成長といわれた時代にはつくってもつくっても買い手が引きも切らず、慢性的な供給不足がいわれていたこともあります。しかし、オイルショックを契機にして低成長といわれる時代に入ると、製品を求める人たちの需要の内容が変化してきました。ある程度のものは等しく皆が

手に入れるようになってきたので、次には、人と違うものをもちたいという感情が人々のなかに沸き起こってきたからです。消費財市場ではこの傾向が顕著です。それにあわせるように、消費財だけではなく、中間財を生産するものづくり企業にも、多様な製品づくりが求められてきました。単一のものをみんながほしているのではなく、多様なライフスタイルが当たり前になり、それにあわせて多様な製品が求められるようになってきたからです。その結果、日本の工場で多品種小ロット生産になっているものは、半数以上にのぼるようです。

　また低成長の時代にあっては、生産計画を立てても需要の変化が激しいために、容易に当初の生産計画を変更するだけの柔軟性がなければ、直ちにつくりすぎの弊害が出て、過剰な在庫を生み出し、減産に直面し、ついには企業収益が急激に落ち込むという結果が生じやすくなりました。こうした企業経営の現実を乗り越えるために、ものづくり企業は多品種小ロット生産をいかに安価に行えるようにするかの研究を続けてきました。また、類似製品の出現によって価格競争が激しくなったことから、いかに他者に真似されにくい独自製品を開発するのかの研究も盛んになってきました。さらに、製品を販売するだけでなく、製品のメンテナンスなどのビジネスを開拓し、製造だけでなく附帯ビジネスによって持続可能なキャッシュフローを生み出しやすくなる方法についての研究も続けてきました。

　たとえば、自動車を例にとってみても、同じ車が大量につくられているわけではないことに気づきます。M社のAという同じ車種であっても、ガソリンエンジンかディーゼルエンジンかハイブリッドエンジンかどうか、そのエンジンの排気量は1,800ccか1,500ccか、変速機の形式はマニュアルかオートマチックか、シートの素材は合成皮革かビニール樹脂か、ボデーの色は赤か白かメタリックグレーか、その他数多くの要素によって仕様は千差万別であり、まったく同じ車を連続してつくっていることはあまりないことに気づき

ます。

　主力製品は変わっていないので少品種大量生産が続いているようにみえる工場もあります。しかし、その主力製品にしても仕様が増えたり、仕様が変更されたりしているので、実際には多品種小ロット生産が多い状況には変わりありません。

　単一製品の大量生産から多種製品の小ロット生産の流れに対応するため、ものづくり企業では、ミスにかかわる因果関係の明確化、作業改善（たとえば、段取り換えの高速化）、作業員の複数業務兼務（多工程持ち）、ロボット化、他企業との連携などの改革が進められてきました。

　ミスにかかわる因果関係の明確化というのは、ミスが生じた原因を究明するときに、その現象的な原因をさらに深掘りし、ミスを誘発する全体的な構造やメカニズムを明らかにしていくという現場の思考過程の改革をいいます。たとえば、切削機械の刃持ちが著しく悪くなったとしましょう。①はじめに、なぜ刃持ちがここまで悪くなったかと問います。その答えは、切削液が十分に刃に掛けられなかったからだというものでした。②ここでなぜ切削液が十分に刃に掛けられなかったかを問います。その答えは、切削液を循環させるためのクーラントタンクのフィルターが目詰まりを起こしていたからだというものでした。③さらに、なぜクーラントタンクのフィルターが目詰まりしたのかを問います。その答えは、クーラントタンク内にスラッジ（切削くず）が溜まりすぎたからだというものでした。④もっと進んで、なぜクーラントタンク内にスラッジが溜まりすぎたのかを問います。その答えは、スラッジの除去の頻度が少なかったからだというものでした。⑤最後になぜスラッジの除去頻度が少なかったのかを問います。その答えは、スラッジ除去に使える時間は限られていたからだというものでした。そこで解決策として編み出されたのは、クーラントタンクの切削液のなかで浮遊するスラッジを切削液から分離する濾過機をクーラントタンクに接続させるという

ものでした。これによりスラッジがたまる期間が格段に伸び、スラッジ除去に使える時間が逆に短縮され、刃持ちも改善されました。ものづくり企業では、なぜを5回繰り返して、問題の本質や構造をあぶり出すことが勧められています。その結果、刃持ちが悪くなったから刃を交換するとか、スラッジ除去頻度を増やすとか、フィルターを交換するといった対応ではない、より本質的な問題の解決が可能になるとされています。

　作業改善とは、製造プロセスの改善をいいます。たとえば、段取り換えの高速化があります。段取り換えの高速化というのは、生産ラインでの生産物品種を変更する際に、金型を替えたり、機械機種を変更したり、部品を交換したり、新しい加工材料を運搬したり、治具や工具を取り外したり取り付けたりするための時間を短縮することです。これを実現するため、ものづくり企業では、①生産物品種を変更するときにいまどのような段取り換えを行っているのか、それには何分かかっているのかをビデオ撮影して実態を把握し、②機械を止めて作業する部分（内段取り）を、機械を止めないで作業できる部分（外段取り）に変更できるかを検討し、③内段取りのなかで作業を簡素化できる部分がないかを検証し、④内段取りや外段取りの作業を誰でもできるように標準化すべくマニュアルを作成し、⑤ある工程の成功例を他工程で転用や応用することができないかを検討することなどを、絶えず行っています。これにより何時間もかかっていた段取り換えを10分で行えるようになった例も報告されています。これは明らかに製造コストを削減し、作業員の手待ちを短縮して労働の質を改善することに役立っています。

　作業員の複数業務兼務（多工程持ち）とは、作業員が機械1台だけを操作するのではなく、複数台の機械を同時に操作するようにしたり、ある工程以外に他の工程も受け持てるようにしたり、設計と営業の両方を担当できるようにしたり、複数の工程で必要とされる資材の調達を1人でできるようにしたりすることです。さらに、受託生産品の仕事にかかわる人を、自社独自製

品の開発にもかかわるようにするという人事異動を行っているものづくり企業もよくみられます。

　ロボット化とは、作業員の手作業を、ロボットに振り替え、人間の作業負担を減らすことをいいます。これによって作業員は作業ではなく、ロボットを操縦する仕事に就いたり、ロボットオペレーションのプログラミングの仕事に就いたり、技術開発の仕事に就いたり、人間でしかできない仕事に就くように変化し、労働の質を高めていくことになります。

　他企業との連携とは、製造プロセスの一部を他企業に任せたり、他企業とともに実施したりすることです。製造プロセスを広義にとらえると、営業、企画、生産、納品、メンテナンスの一連の流れになりますので、この流れのどこかで他者と連携していることがものづくり企業にみられます。営業について連携する例には、ものづくり企業数社が集合体を組織して、それぞれのものづくり企業の特性を活かした新しい製品づくりの提案をユーザーに働きかけることがあります。企画について他企業と連携する例には、共同で新製品を開発することがあります。生産について他企業と連携する例は数多くあります。委託元企業が受託先企業に生産を委託することが最も多くみられます。納品について他企業と連携する例は、配送業務に関して共同で施設を保有することがあります。メンテナンスについて他企業と連携する例には、これを他企業に委託することなどがあります。

　ものづくり企業が他企業と連携する理由は、それがものづくり企業の体力を強化するからです。また、企業間連携の内容は、かつてのように一方的に委託元が受託先に生産を委託し、できるだけ工賃を圧縮するよう求め、結果的に受託先企業が苦しむというものではなく、対等なパートナー関係を築くように再構成していくように変化しています。しかしながら一方的な要求を委託元が受託先に押し付けるという慣行がいまだみられるというのも事実であり、そうであるからこそ、独自製品の開発意欲は高まっていきます。

4　資金調達

(1)　民間金融機関からの借入とその理由

　生産には、資本、設備、労働の3条件が必要です。資本は資金のことだと読み替えてみれば、生産活動で必要な資金とはどのようなものかを振り返る必要があります。

　ものづくり企業の資金調達は、それ以外の業態の資金調達と異なるものではありません。しかし、ものづくり企業では商品を仕入れて短期間のうちに転売して利益を確定するという形態のビジネスは大きな地位を占めているわけではないので、小売業でいう短期運転資金のような借入形態は主流ではありません。キャッシュフローが長い時間をかけてようやく実現するため、長期の資金が大きな比重を占め、また、イノベーションの実現性には不確実性が伴うので借入金のような定期的な返済義務が生じる資金を導入しないようにするインセンティブが働くようです。

　ものづくり企業の資金調達には、自己資金、エクイティ資金、補助金や助成金、産業政策による制度融資、民間金融機関借入金などがあります。また、ものづくり企業ではとくに企業間信用も多くみられます。自己資金はものづくり企業の内部留保でまかなわれるものが多くあります。エクイティ資金には、新株発行による資本のほか、企業投資育成会社やベンチャーキャピタル会社による資本、金融機関（またはその子会社）による資本があります。補助金や助成金には、ものづくり補助金（ものづくり・商業・サービス経営力向上補助金）などがあります。産業政策による制度融資には、政府系金融機関による制度融資があります。

　民間金融機関の借入金は、こうした資金と大きく違います。定期的な返済の必要性があるという観点では、自己資金、エクイティ資金、補助金や助成金と異なります。定期的な返済の必要性があるものの、特定の産業政策の推

進のためであるという観点では、政府系金融機関による制度融資と異なります。

　民間金融機関借入金がものづくり企業に受け入れられるのは、いわばこれだけのライバルを凌駕するメリットがあるからだといえます。民間金融機関が「借入金を使ってください」と勧奨し、それがものづくり企業の社長に受け入れられる理由を明らかにしなければ、金融機関借入金は増えないでしょう。

　ものづくり企業が民間金融機関の借入金、つまり、定期的な返済義務があり、金利も相対的に高い資金を導入するのは、他の調達手段がない、他の調達手段より安価だ、企業経営にとって民間金融機関のアドバイスが不可欠である、という理由があるからです。このうち、最後の点は、事業性評価があってはじめて成り立つものです。民間金融機関の借入金の金利は、ものづくり企業にとって、いわば経営アドバイス料であるという認識があれば、あえて民間金融機関の借入金を導入するインセンティブがあります。また、民間金融機関同士で借入金勧奨が重なるのであれば、金利の高低よりも、金融機関から提供されるアドバイス内容が選択の決め手になりうるのです。

　アドバイスの内容は、製品販売先紹介、技術導入先紹介、事業承継サポート、海外展開サポート、財務計画策定サポートほかいろいろな取組みがされています。しかし、その取組みに根底には、ものづくり企業のイノベーションにはさまざまな不確実性があり、その不確実性をものづくり企業と金融機関が一緒に乗り越えていくというコミットメントが必要なようです。いわばものづくり企業にとって金融機関は事業を進めるパートナーであるという位置づけになることです。金融機関はものづくり企業のイノベーションを進めるパートナーであるという位置づけが明確であれば、ものづくり企業の社長に受け入れられる余地は大きいのです。それゆえに、ものづくり企業に対しても、事業性評価の技量を高め、イノベーションの内容、その不確実性、そ

の克服方法に関する知恵を増やしていかなければなりません。

　また、ものづくり企業の社長は、リーマン・ショックの時に民間金融機関がどのような態度をとったかに大きな関心をもっていることにも気をつけなければなりません。

　これまでみてきたとおり、ものづくり企業は、限りのある天然資源を原材料として調達し、加工したり組み立てたりすることで部品や製品を生産し、販売するというフローで成り立っています。それぞれのプロセスでは、原価の引下げ、技術者のスキル向上、販路の拡大等に知恵と工夫を積み重ねています。そして、この一連のプロセスが安定し継続的に利益を生むまでには、5年、10年といった単位でみなければならないこともしばしばあります。

　リーマン・ショックという急激な外部環境の変化が起きたとき、民間金融機関の対応はさまざまでした。貸出金回収を急ぐ金融機関あれば、条件変更で対応する金融機関もありました。一方で、新しいビジネス提案を持ち込んで新規融資に応じた金融機関もありました。

　事業性評価というものが、取引先企業の実態把握によって取引先企業の持続可能性や成長可能性を評価し、融資や助言を通じて取引先企業を支援していくことであれば、金融機関が事業性評価に基づき、ものづくり企業の資金調達を支援するとき、一過性の外部環境の変化に惑わされず、5年や10年といった期間で支援を続けることも重要な視点だと考えられます。そのため、5年や10年の期間において、なぜこのものづくり企業は生き残るのかの理由を探る必要があるのです。

　さらに、ものづくり企業が民間金融機関からの借入を返済してきた背景を知ることも重要です。過剰な一般化は避けなければいけないことは重々わかっていますが、ものづくり企業の経営者がいう利益金の使途についての見方について触れておきましょう。

　利益金は株主に配当として還元していくことが私たちの考えでは常識で

す。しかし、ものづくり企業の社長にインタビューすると、必ずしもそうであるとは限らないという話をよく聞きます。中小企業であったり、非公開企業であったりするからなおさらそうなのかもしれませんが、ものづくり企業の社長がよくいうことに、利益金は社内にできるだけ留保しておきたいことがあります。社内に留保しておきたいことはどういうことかというと、第一に利益金を将来の設備投資に振り向けていきたいことであり、第二に借入金を返済したいことのようです。

　第一の将来の設備投資に振り向けていきたいことを考えます。ものづくり企業の設備投資には、確立された製造方法に改善を加えて、より低コストで生産できるようにするためのものがあります。確立された製造方法に従ってより低コストのものをつくるときに、新しい機械を導入するなどの設備投資をするときには借入金でまかなうことは考えられるかもしれません。しかしプロダクト・イノベーションを起こそうとして新製品の試作品をつくったり、プロセス・イノベーションを起こそうとして新しい製造方法に挑戦したりしようとするときに、イノベーションの成果が確実であるとは限らないため、借入金のように必ず定期に返済することが必要な資金を取り入れようと思わないことがあります。金融機関はものづくり企業に、設備投資の際は借入金を使ってくださいと勧奨することがありますが、ものづくり企業の社長としてはできるだけ自己資金で対応したいとか、補助金や助成金を用いたいとする思いが先行していれば、また民間金融機関はものづくり企業の大きな業況悪化があるとすぐ返済を要求してくるから、借入するにしても政府系金融機関のほうが安心だとする考えが先行していれば、金融機関による借入提案はなかなか通じるものではありません。

　第二の借入金を返済したいことを考えます。高度成長時代（1950年代から1970年代）にはものづくり企業は出荷額の拡大、会社規模の拡大、雇用の拡大を経験してきました。それにあわせて借入金のボリュームも拡大してきま

した。その後、オイルショック（1973年と1979年）を経験し、低成長時代（1970年代以降）を経験するにあわせて、ものづくり企業は売上規模を拡大し、会社規模を拡大し、雇用規模を拡大するという方針から離れ、ものづくり企業経営で肝心なのは、利益を上げることだと考えるように変化してきました。その結果、ものづくり企業では設備投資を内部留保やエクイティ調達などの自己資金でまかない、借入金を返済することに重きを置いてきました。企業の体質強化とは利益を多く生み出すことであり、それなくして生き残ることはできないという考えが強くなってきました。民間金融機関による借入勧奨があまりうまくいかない理由の1つには、ものづくり企業が低成長時代に感じた、借入金はできるだけ返済しておきたいという考えがあるように思われます。

⑵　産業政策の資金

　産業政策の資金を活用することは、ものづくり企業でよく行われています。

　日本の産業政策は常にものづくり企業を後押ししてきました。特に第二次世界大戦後は、産学官連携といわれる仕組みが日本の工業の力を高めてきたといわれています。学者はそれを「国のイノベーションシステム（National Innovation System、National System of Innovation）」と呼んできました。研究開発は民間企業の研究開発部門も役所の研究開発機関もそれぞれ行うとともに、必要に応じて相互で知識交流を進め、製造や販売を民間企業が行うときには政府が補助金や交付金を積極的に支給し、また政府の金融機関が率先して融資を行って民間金融機関の資金の呼び込みを促し、また工業を担う人材を国立大学の工学部を中心にして育てていくという姿が描かれています。

　このようにものづくり企業を支援していくにあたり、国全体が支えていくという姿は、むしろ当たり前でありました。今日でも、ものづくり企業に対しては手厚い補助金や交付金のプログラムが用意されています。また政府の

金融機関による融資も行われ続けています。いまになってものづくり企業に対して民間金融機関の融資が少ないと主張しても、あまり生産的ではありません。一方、ものづくり企業に対して事業性評価を行い、ものづくり企業の成長可能性と持続可能性について確信をもった金融機関は、むしろ融資ではなく、エクイティ投資のビジネスチャンスに気づき始めています。

　戦後、さまざまな産業政策が実行され、それに伴ってさまざまな補助金などが用意されてきました。ものづくり企業を対象とした産業政策の資金では、「ものづくり補助金（ものづくり・商業・サービス経営力向上補助金）」がよく目につくものとなっています。ものづくり補助金とは、中小企業や小規模事業者が生産性向上に資する革新的サービス開発・試作品開発・生産プロセスの改善を行うために設備投資等を行う際に、その一部を支援するものです。

　この補助金の対象となる事業は、【ものづくり技術】と【革新的サービス】に分けられます。【ものづくり技術】とは、「中小企業のものづくり基盤技術の高度化に関する法律」にしたがった12分野の技術について、革新的な試作品の開発や、生産プロセスの改善にかかわるものです。【革新的サービス】とは、「中小サービス事業者の生産性向上のためのガイドライン」に従った８つの付加価値向上策について、革新的なサービスの創出やサービス提供プロセスの改善にかかわるものです。

　この補助金の対象となる事業者は、「日本国内に本社及び実施場所を有する中小企業者」とされ、【ものづくり技術】に関しては「中小企業のものづくり基盤技術の高度化に関する法律」に、【革新的サービス】に関しては「中小企業等経営強化法」にそれぞれ定められた者をいいます。

　この補助金を受けるにあたっては、「どのように他社と差別化し競争力を強化するかを明記した事業計画をつくり、その実効性を含め、中小企業・小規模事業者の事業をバックアップする認定支援機関により確認されているこ

と」（たとえば、平成29年度補正　ものづくり・商業・サービス経営力向上補助金【公募要領】に記載があります）が必要とされます。また、３年から５年計画で、付加価値額（営業利益＋人件費＋減価償却費）が年率３％向上する、および、経常利益（営業利益－営業外費用（支払利息・新株発行費））が年率１％向上することが必要とされます。

　次に【ものづくり技術】に関してこの補助金を得るときの要点について説明します。

　対象類型は12類型定められています。「デザイン開発」「情報処理」「精密加工」「製造環境」「接合・実装」「立体造形」「表面処理」「機械制御」「複合・新機能材料」「材料製造」「バイオ」「測定計測」です。

　審査のポイントは２つ定められています。

　第一は、この補助金にかかわる事業が、革新的な試作品の開発や生産プロセスの改善にかかわるものであることです。プロダクト・イノベーションにかかわるものか、プロセス・イノベーションにかかわるものかです。たとえば、平成29年度補正「ものづくり・商業・サービス経営力向上補助金」【公募要領】によれば、具体的に記載する内容として、「自社での取組みの経緯・内容」「今回の補助事業で機械装置等を取得しなければならない必要性」「また、課題を解決するため、不可欠な工程ごとの開発内容、材料や機械装置等」「具体的な目標及びその具体的な達成手段」「機械装置等の取得時期や技術の導入時期についての詳細なスケジュール」「12分野との関連性」「どのように他者と差別化し競争力強化が実現するかについて、その方法や仕組み、実施体制」などが掲げられています。

　第二は、この補助金を使った成果を用いてどのように事業化を図ろうとしているのか、またどのような成果が期待されるのかです。たとえば【公募要領】によれば、具体的に記載する内容として、「本事業の成果が寄与すると想定している具体的なユーザー、マーケット及び市場規模等」「その成果の

価格的・性能的な優位性・収益性」「現在の市場規模」「本事業の成果の事業化見込みについて、目標となる時期・売上規模・量産化時の製品等の価格等」「付加価値額」「経常利益」等の算出根拠」などが掲げられています。

著者紹介

あおぞら地域総研株式会社(Aozora Regional Consulting Co., Ltd)
　地域イノベーションの実践に関するさまざまな提案を地域金融機関に行うことを目的に2013年3月にあおぞら銀行の100％子会社として設立されたシンクタンク。
　全国の地域金融機関に対して取引先企業の事業性評価人材の育成サポート、地域と地域をつなぐ具体策の提案、地域が元気になる新しいビジネス創造の提案を行っている。

事業性評価人材育成の実践

2018年12月13日　第1刷発行

　　　　　著　者　あおぞら地域総研株式会社
　　　　　発行者　倉　田　　　勲

　　〒160-8520　東京都新宿区南元町19
　発　行　所　一般社団法人 金融財政事情研究会
　企画・制作・販売　株式会社きんざい
　　　出版部　TEL 03(3355)2251　FAX 03(3357)7416
　　　販売受付　TEL 03(3358)2891　FAX 03(3358)0037
　　　　　URL https://www.kinzai.jp/

DTP・校正：株式会社アイシーエム／印刷：三松堂株式会社

・本書の内容の一部あるいは全部を無断で複写・複製・転訳載すること、および磁気または光記録媒体、コンピュータネットワーク上等へ入力することは、法律で認められた場合を除き、著作者および出版社の権利の侵害となります。
・落丁・乱丁本はお取替えいたします。定価はカバーに表示してあります。

ISBN978-4-322-13430-8